フェアリーと出会って幸せになる本

優しくて繊細な人を癒す48の魔法

ヒーラーよしこ

青春出版社

私の聖母へ捧げる――

あなたもかつて、
フェアリーと出会っていました。

はじめに

あなたは今、幸せですか？

誰でも幸せになりたいと願います。

でも現実の毎日は、思い通りに事が運ばなかったり、嫌な出来事が起こって落ち込んだり、いつも悩み事でモヤモヤしてばかりだったりします。

人間関係やその他のショッキングな出来事などでハートが傷つき、これから先どうやって生きていくのか途方にくれているかもしれません。

たとえば、こんなことはありませんか？

□思い通りにいかなくて落ち込むことが多い。
□自分に自信が持てない。
□つい悪い方にばかり考えてしまう。
□人目を気にしてしまい

生きづらさを感じている。

□いつも自分ばかりが
損な役回りをしている気がする。

□理由もなく
モヤモヤしていることが多い。

□いつも何かを我慢していて
満たされていない。

□いつのまにか、人生は苦労続きで
辛いものだと思うようになった。

□人と自分を比べて、自分の劣っている
ところを見つけては自分を責めている。

□几帳面で完璧主義だと言われたことがある。

□真面目で、頑張りすぎて疲れてしまう。

この中で、4つ以上にチェックが付いた人は、
フェアリーたちがあなたのお役に立ちます。

かつて私もあなたのように悩み苦しんでいたときがありました。
どんな絶望の淵にいたとしても、人生は楽しいもの、喜びに満ちていると教え続けてくれたのがフェアリーたちでした。
これまでダメダメだと思っていた人生から、喜びと幸せと、楽しさにあふれた人生へと好転してゆくお手伝いをフェアリーたちがしてくれました。

この本をお手にとっていただいて、ありがとうございます。

私はヒーラーよしこと申します。フェアリー・ヒーラーです。

フェアリー・ヒーラーとは、癒しの大好きな妖精たち（ヒーリング・フェアリー…癒しに宿る妖精。癒しを司る妖精）とつながり、そのエネルギーで癒しを行うヒーラーのことです。

深い森や林の中など大自然の中にいるときに、す〜っと気持ちが晴れ渡り、「あ〜、癒された〜」っていうような体験をしたことがある人は多いと思います。

フェアリーの癒しはそんな感じ。とてもやさしく、ナチュラルで、透きとおった……言ってみれば「ネイチャー・ヒーリング」。大自然の癒しのようなヒーリングなのです。

フェアリーたちは、傷ついたこころを癒してくれます。自分自身や他人をずっと許せずにいた、自分をずっと否定してきた、自分はダメだと思い、悲しくなり、失望してしまったあなたのハートをも温めてくれます。

本当のあなたは、愛と喜びと好奇心に満ちた存在でした。そもそも私たちは、この地球で愛と喜びにあふれた幸せな体験をするために生まれてきました。それが本来の生まれてきた目的です。愛、喜び、そして好奇心はフェアリーたちの本質そのものです。生まれたばかりのあなたは、フェアリーたちととても近い存在で、

そしてフェアリーたちは、いつもあなたのそばにいました。

しかし地球で生きる時間が長くなるにつれ、いろんな恐れを見て、いろんな不安を感じて、人生は大変なものだと思うようになっていきました。

また自分自身に対しても、劣等感や嫌悪感、失望を抱いてきましたね。そう、人生を生きるうちに、生まれたときの「本当のあなた」からかけ離れてしまったのです。

愛と喜びに満ちた「本当のあなた」に戻るには、「本当のあなた」をよく知るフェアリーたちの助けを借りるのが一番です。

フェアリーはあなたを「癒す」ことで、不安や恐れを取り除き、幸せに満ちたあなたへと戻してくれます。癒し、本来の幸せな道へと戻すのがフェアリーの遣わされた使命なのです。

本書は、フェアリーたちにあなたを幸せに導いてもらうための手引書です。

『フェアリーと出会って幸せになる本』★目次★

プロローグ

Chapter 1

Chapter 2

Chapter 3

あなた自身が、あなたを癒すヒーラーになろう

―フェアリーが教えてくれたセルフヒーリング―

Chapter 4

光を探すゲーム
―フェアリーと出会う楽しい習慣―

Chapter 5

Chapter 6

エピローグ

カバー&本文イラスト……島田恵津子
本文デザイン……岡崎理恵
企画協力……了戒翔太
編集協力……高比良育美

プロローグ

フェアリーには不思議な力がある

人生が楽しみの連続になる魔法

私がフェアリーたちと出会ったのは入院中の母の病室でした。私は幼い頃から母が大好きで、私たちは仲良しの母娘でした。

そんな私にとってかけがえのない母がある日、突如として脳梗塞で倒れてしまったのです。それからというもの、母は意識を取り戻せずにずっと植物状態で眠ったままでした。

そんなショッキングな出来事に直面した当初の私は、悲しみと絶望の淵にいて、毎日まいにち母の枕元で泣き暮らしていました。

でもそのうち私は、「母にもう一度笑ってもらいたい！」「笑ってもらおう！」という目標を立てるようになりました。お医者様にはもう何も手の施しようがないと宣告されましたが、それでも私は毎日母に話しかけ、ベッドで眠っている母の手や顔のマッサージをしたりしていました。

「もう一度、母のやさしい笑顔が見たい……」ただそれだけを一心に願いながら。

またその頃の私はちょうどスピリチュアルにどんどん目覚めはじめていて、日々の生活の中でも不思議な現象がよく起こるようになっていました。

　とてもよく晴れたある日、小さなフラワー・フェアリーが母の両手の甲のところに来ていることに気づきました。フェアリーたちは、その小さな煌めき（フェアリー・ライト）をキラキラさせながらとても楽しそうに、はしゃぎながらくるくると飛びまわっていました。

　私はびっくりして我が目を疑いました。いま目の前でエキセントリックなシーンが繰り広げられているのですもの！

　そして、そのおちゃめなキラキラダンスを見ているうちに、こころが柔らかく穏やかに、私自身が癒されていっていることに気づきました。

　そのとき私の中へと、フェアリーたちからのメッセージが聞こえました。

「心配しなくても大丈夫」

「私たちはあなたとお母さんを守り、癒すために来ました。いつもそばにいます」

　フェアリーたちの愛と共に、私の中へとそのメッセージがスーッと入ってきました。

実は、母は若い頃からずっと華道の先生をしていて、お花をこよなく愛している人でした。どこに行ってもお花を愛でて、まるでお花図鑑のようにどんな種類のお花の名前も知っていました。

母と旅行をすると、私は決まって旅先で可愛いお花を見つけては「これはなんていうお花？」と聞いていました。母はいつも、「それはね……」と幸せそうに答えてくれました。

母自体がまるでお花の妖精のようなやさしい純粋なエネルギーを持っていて、その笑顔に周りの人々はいつも癒されていました。

お花を愛するやさしい母のもとにやって来てくれたフラワー・フェアリーたちは、今、眠ったままの母と私を守り、癒すために来てくれたのだ……私はそのときそう深く納得したのを今でも覚えています。そして、それは至福の感覚でした。

その体験は、私にあることを決意させました。

「そうだ！　これからフェアリーたちと一緒に母を癒していこう！　この至福の感覚を母も少しでも味わえるように」

私には、それしか術(すべ)がないと思いました。

それから毎日、母の体に手を当ててフェアリーたちのやさしい愛のエネルギーを、至福のエネルギーを母に流していきました。

母は眠ったままですが、それでも気持ちよさそうな表情を浮かべ、時には一筋の涙をツーッと流すことすらありました。それは母の魂が癒され、喜んでいる証拠だと、私は思いました。

フェアリーと母と過ごした2年間

フェアリーたちと母への癒しを行っていたあの2年間。それは私の魂にしっかりと刻み込まれる、とても大切な時間となりました。

私たちはフェアリーたちに支えられ、数々の恐れや不安を癒されていたのです。

もしもフェアリーたちがいなかったら、私たち母娘はどうなっていただろうと思います。それほど厳しい状況でしたから。

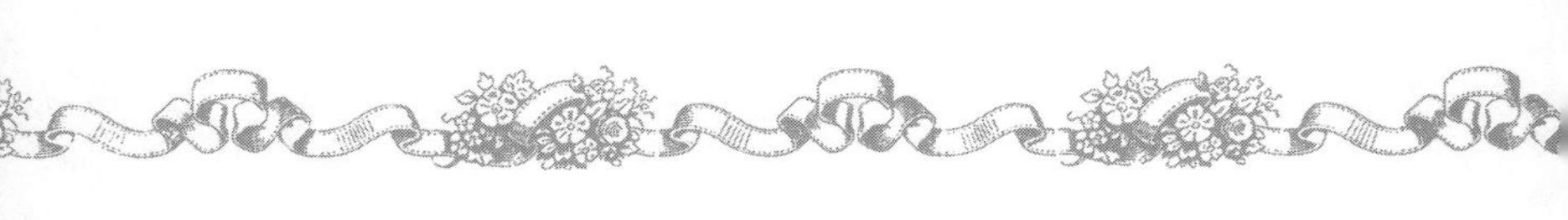

フェアリーたちは、たくさんのことを教えてくれました。たとえば、自分が愛そのものになるということ、恐れではなくて愛になること。または〈生と死について〉。私と母の魂は永遠につながっているということ。どんなひどい出来事の中にも、必ず光はあるということ。

フェアリーたちと共にあったあの2年間、数々の学びを重ねることが、その後の私の人生を大きく変える足掛かりとなりました。

残念ながら母は天国へと帰ってしまいましたが、その後、私は自分自身を癒すことに専念しました。なぜなら、愛する人をなくしてしまった私は生きる術を失っていて、そうしないと立ち上がることができないほどの悲しみを味わっていたからです。そして私はフェアリーたちの力を借りて自分自身を癒してゆくセルフヒーリングのスキルをマスターしました（それが今後、私がやってゆく〈フェアリー・ヒーリング〉のベースとなるのです）。

私はフェアリーたちの癒しで、自分の中にある悲しさ、苦しさ、失望感などを浄化してゆきました。来る日も来る日も毎日ヒーリングを続けました。

私がようやく癒されたあと、周りの人々を見ると、かつての私のように癒しが必要で苦しんでいる人がたくさんいらっしゃることに気づきました。

苦しみの理由は様々でしたが、「どんな苦しみでも、フェアリーの癒しが助けとなってくれる」と確信し、この時に、それが自分の今生での使命なのだとはっきり認識しました。

「かつての私のように苦しんでいる人々に癒しを、明日への光を届けたい」「フェアリーのように人々の中に光を灯す」……私にはそんな使命があるのだと。そんな思いでフェアリー・ヒーリング・サロンをオープンしました。それからずっとフェアリーたちと癒しを行っています。

かつて私と母が、突然の出来事に遭遇して悲しみの中にいたときに、フェアリーたちはやさしく癒してくれました。そう、フェアリーは守護するだけでなく、癒しが必要な人のところへと行って、そっと癒してくれるのです。

では、フェアリーたちは、どのようにあなたを癒してくれるのでしょうか？

あなたにどんな癒しをもたらしてくれるのでしょうか？

フェアリーたちが教えてくれるのは、あなたが自ら自分を癒すことができる「セルフヒーリング」のスキルや、いつも高い波動で幸せを引き寄せる「フェアリー波動」の習得法などなど……。これらの癒しを是非、楽しみながら習得していってください。

この本を読み終えた後のあなたは……

「生きること」が楽しくなっているでしょう！　そして、人生は、「笑い」と、「遊び」と、「喜び」の賜物だということを心から理解できるようになるはずです。

フェアリーたちの癒しは楽しくて、キラキラしていて、ミラクルな魔力に満ちているので、私はフェアリーの癒しを**「フェアリー・マジック」**と呼んでいます。

まさにそれは魔法のようだから。

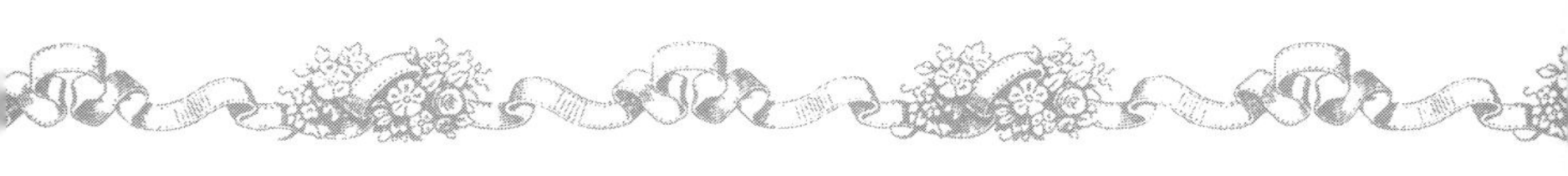

「人生は苦労続き」「私は幸せになれない」

「人生は素晴らしい！」「私は最高に幸せ！」

そんなあなたへと、フェアリーたちがフェアリー・マジックを使って変身させてくれます。

さあではどうぞ「ヒーリング・フェアリー癒しの王国へ」。

これから「喜び」に満ちた、楽しくて軽やかで愛と幸せにあふれた癒しの旅がはじまります。

春のいちばんはじめの日

ヒーラーよしこ

Chapter 1

愛と癒しをもたらす フェアリーの秘密

「人間は、どうして心配ばかりなの?」

ようこそ、癒しの王国へ！

では、これからいよいよあなたにフェアリー・マジックを起こす準備をしていきますね。まず最初に、フェアリーたちと友達になるために、彼らのことを知っていただけたら、と思います。

Chapter1では、フェアリーとはどんな存在なのか？　あなたに何をもたらしてくれるのかをお話ししてゆきます。

あなたは妖精、フェアリーと聞くとどんなイメージを持ちますか？

おとぎ話に出てくる、ティンカーベルのようにファンタジー（架空）のもので実際には存在しない？

そんな風に思う人がほとんどでしょう。

いいえ、フェアリーは実在しています。

ただ、今すぐ目で見ることはできません。なぜなら、フェアリーたちはとても純度の高いエネルギーのため、ふつうは肉眼でとらえられないからです。空気も、

確かにここに存在するのに目には見えませんよね？　フェアリーも同じです。私たちも純度を高めれば、フェアリー界を見ることができます。

なかなかすぐに理解するのは難しいかもしれませんが、今は「フェアリーは見えなくてもすぐ近くにいる」ということだけ覚えておいていただければ大丈夫です。

あなたがフェアリーと友達になれるように私がついていますから安心して、まずはフェアリーについて少しずつ知っていってくださいね。

フェアリーは愛と癒しの存在

フェアリーとは一体何なのでしょうか？

フェアリーは、地球上の自然界に宿る非常に純粋なエネルギーです。私たち人間に比べてとてもピュアで透明なエネルギーを持っています。

キラキラと光り輝くひかり……それがフェアリーの生態です。もう少し詳しく

お話しますね。

お花のフェアリーや木のフェアリー、川のフェアリー、海のフェアリー、湖のフェアリー、鉱物のフェアリー……。さまざまなフェアリーが存在します。

自然が織り成すものには必ずフェアリーたちのエネルギーが宿っています。

大自然の中に身を置いたときに、人工的ではない自然の美しさ、自然の息吹を感じたことがあるかと思います。

目には見えないけれど、言葉では説明できないような、壮大な自然のエネルギーを感じるとき、あなたはたくさんのフェアリーたちに囲まれているのです。そのどれもが純粋で愛と喜びのエネルギーに満ちています。様々なフェアリーが存在しますが、ここではそれらの一部をご紹介しますね。

まずはお花のフェアリーについて。これは癒しが大好きなフェアリーです。


本書でお伝えしているヒーリング・フェアリーは、お花の妖精。彼らは、ときにはデーバ（花の精霊）とも呼ばれ、自然や植物を守護するのが使命なのですが、私たち母娘を癒してくれたように、傷ついた人々を癒すのが大好きな、心やさし

い妖精です。

その姿はお花のように可憐で愛らしく、だいたいがそのお花の花びらのドレスをまとっています。

様々な種類のフェアリーがそれぞれ個性的で役割も違いますが、共通するのは地球を守ること。地球の自然や、そこにいる動物や植物、もちろん地球に住んでいる私たち人間のことも守護してくれます。

そんな中で一番癒しのエネルギーが強いのがフラワー・フェアリーです。

だから私たちはお花を見ると無条件に癒されるのです。幸福な気持ちになるのです。私たちはお祝いやお悔やみ、お礼や感謝など、いろんな意味でお花を贈ります。それは贈られた人がフェアリーたちの宿るお花を見て、幸せになり喜びのエネルギーとなるからです。

お花には、必ずそのお花を守っているフェアリーがいます。

お花にいろんな種類があり、さまざまな個性を放っているように、そのお花のフェアリーもそれぞれに個性を持っています。

たとえば……。

★チューリップのフェアリー★

フラワー・フェアリーの中でもとびきり明るく、楽しいことが大好き。このフェアリーに癒されるとき、あなたは喜びと楽しさを感じることができます。

★ひまわりのフェアリー★

真夏の太陽のようにパワフルで陽気なフェアリー。いつも元気いっぱいで、マジカルチャイルド（後述）と特に仲良し！　このフェアリーに癒されるとき、あなたは自信と勇気、そして力強さを取り戻すことができます。

★ラベンダーのフェアリー★

芳（かぐわ）しいラベンダーの花のように、香りで人を癒すのが得意なフェアリー。このフェアリーの癒しはやさしくも凛とした、しなやかな強さを与えてくれます。

★バラのフェアリー★

花の女王ともいわれるバラに宿るフェアリーは、癒しのエネルギーもとびぬけて強いのが特徴。不要なエネルギーのみならず、すべてのものを光に変えられるほ

ど浄化能力はフラワー・フェアリーの中でももっともすぐれています。また、そのエネルギーの高さから、至高の存在ともつながれるほどです。
私とつながっているフラワー・フェアリーの一人もバラのフェアリーです（後述）。

お花だけではなく、もちろん木にもフェアリーがいます。

★大きな木のフェアリー★

おじいちゃんのようなやさしくてホッとする懐かしい癒しを与えてくれます。

★小さな木のフェアリー★

とても軽快で、力強く、活力を与えてくれます。

植物以外のあらゆる自然物にもフェアリーはいます。中でも代表的なのは「四大元素」のフェアリーです。

★四大元素のフェアリー（エレメンタル）★

四大元素とは水、火、風、土の自然を創り出す元素（エレメント）のこと。それぞれに宿っているフェアリーを四大精霊（エレメンタル）といいます。

水の妖精・ウンディーネは、澄んだ水のように透き通ったフェアリー。水で洗い流すようにすがすがしい癒しを与えてくれます。

火の妖精・サラマンダーは、燃え盛る炎のように情熱的で、好奇心旺盛なフェアリー。ポジティブで前向きな気持ちにさせてくれます。

風の妖精・シルフは、特に軽いエネルギーを持つフェアリー。そよかぜがやさしく頬を撫でるように癒してくれることもあれば、嫌なことを一気に吹き飛ばすほど力強いこともあります。

土の妖精・ノームは、大地のようにどっしりと落ち着いたエネルギーを持つ。安心感、安定感を与えてくれます。

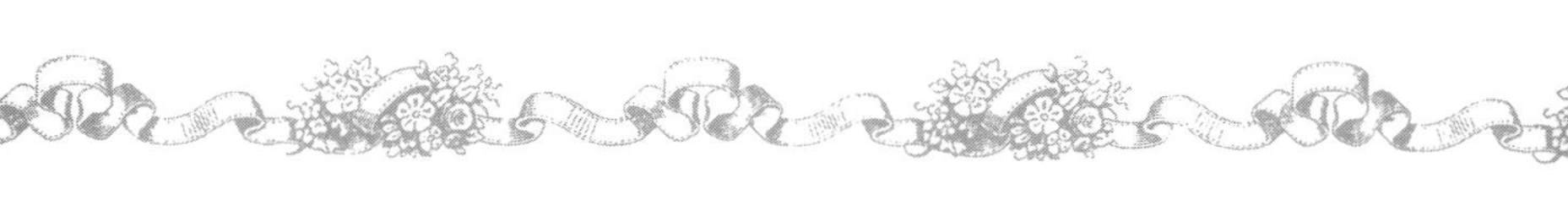

罪悪感や劣等感に苦しんでしまうのは、なぜ？

フェアリーはみんなやさしくて良いフェアリーばかりで、悪いフェアリーはいません。そもそも、フェアリー界には悪いという概念が存在しないのです。人間は善悪をつけたがりますが、それは、ジャッジや罪悪感、劣等感、そして不幸の元です。

人間界の民話の中で悪いフェアリーが描かれることがあるのは、そのためです。本来、すべてのものは良いも悪いもないのです。

フェアリーたちが暮らす世界

フェアリーはフェアリー王国に住む純粋な光の国の住人です。

フェアリーたちが暮らす世界は、私たちと違う世界。「フェアリー界」というところに住んでいます。

わたしはあるとき、フェアリーに尋ねました。

「フェアリーたちは
どんな場所でどんな暮らしを
しているの？」

するとフェアリーは、
こんな風に教えてくれました。

「フェアリー王国は、キラキラ
明るくまぶしい光の世界で
美しいものはなんだってあるんだ。

クリスタルや、
お花や、緑がたくさんある
まるで美しい絵画のような
魔法の王国だよ。

それからね。

フェアリーたちは、
まるでバーチャルな
ゲームのように
自分の周りの景色を
変えられるから、
その時の気分によって
環境は無数に変わっていくよ。

たとえば、こんな感じ……

そこには大きなクリスタルの宮殿があって、
それはうすいパープルとピンクのオーロラに包まれ、
どこからともなくとても良い香りが放たれている。
その香りは嗅いでいると心がす～っとくつろぐことが
できるようなやさしく美しい香りなんだ。

クリスタルの宮殿からは、
幸せと豊かさのエネルギーが湧きあがっているよ。
宮殿の中はとても広くて、
クリスタルでできた柱が並ぶ回廊がとてもステキなんだ。

それはとっても気持ちが良い空間で、
フェアリーたちはその宮殿の中を
自由に飛び回るのが最高に好きなの。

一面のお花畑の中で、
おっきな太陽と一緒にお昼寝をするのも大好きだよ。
『フェアリーの王国』にはルールも制限もないし、
競争もジャッジもないから、とても穏やかで、
それは愛と平和に満ちている世界なんだよ」

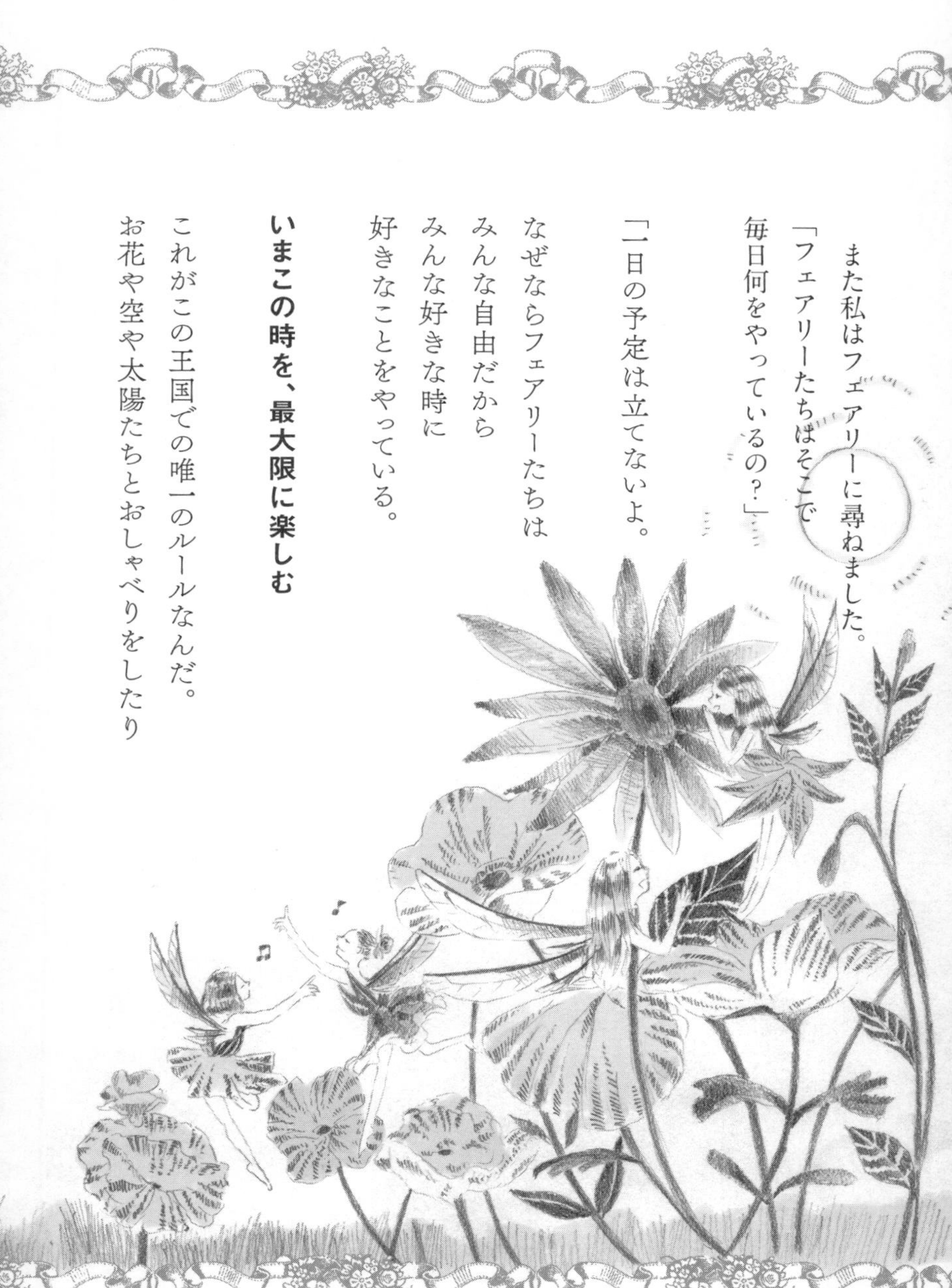

また私はフェアリーに尋ねました。
「フェアリーたちはそこで
毎日何をやっているの？」

「一日の予定は立てないよ。

なぜならフェアリーたちは
みんな自由だから
みんな好きな時に
好きなことをやっている。

いまこの時を、最大限に楽しむ

これがこの王国での唯一のルールなんだ。
お花や空や太陽たちとおしゃべりをしたり

喜びのダンスを踊ったり
歌ったりすることもあるよ。

絵を描いたり、本を読んだり
その時その時にやりたいこと、
好きなことをしているよ。

ここには時間という
概念がないので、
人間界のように年をとらない。

それから人間界に
遊びに行ったりもするよ。
あなたに会うためにね！」

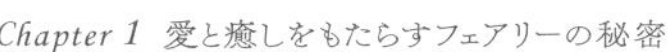

では、フェアリーたちはどんな姿形をしているのでしょうか。これに関しては昔からよく質問を受けます。

「フェアリーが見えるのですか？」

「それはどんな姿なのですか？」

みなさん、まるで小さな子どものようにキラキラした好奇心いっぱいの瞳で私に聞いてきます。

フェアリーはどんな風に見えるのか？

まず、肉体の目で普通に見てみるとそれは、きらめく光として見ることができます。空中でキラキラと輝いている光——。さらにフェアリーが心の目で見えるようになると、こんな姿をしているのがわかるはずです。

ここでは、これからあなたを癒してくれるフェアリーたちをご紹介します。彼らがＣｈａｐｔｅｒ５で、あなたのヒーリングを実際にサポートしてくれますよ。

★アース・フェアリー★

大地に宿るフェアリー。主に、グラウンディング（後述）を施してくれる。

赤茶にゴールドラメ入りの光

透明羽

赤茶の大地のドレス（ゴールドラメ入り）

アースフェアリー

フェアリー・ダストと放つ光は共に赤茶にゴールドラメ入り

★ヒーリング・フェアリー★

癒しのフェアリー。元々は名もないお花のフェアリーでとても心やさしい。癒しが大好き。不要なエネルギーを光に変えてくれる

ヒーリング・フェアリー

フェアリー・ダストは淡いゴールド、
放つ光は淡いエメラルドのような、
薄い緑色のキラキラした光、
うす緑色の葉っぱのドレス

※フェアリー・ダスト

フェアリーたちの魔法の粉。それはとても高波動のエネルギーを帯びていてフェアリー・ダストに触れたものはすぐさま光へと変わり癒されます。とても細かいキラキラした光の粒子です。

もう少し詳しく、私が心の目で見たフェアリーの特徴をお話しますね。

フェアリーの6つの特徴

●軽い

とにかく何と言ってもそのエネルギーは、非常に軽く、ふわふわとした綿毛のようです。

●明るい

フェアリーがいるところはいつも明るく眩しい光が差し込んでいます。フェアリー自体が非常に明るいエネルギーを持っているので、それ自体がまるでホタルのように発光してその場も明るくなるのですが、フェアリーには暗いという状態が一切ありません。

●楽しい

とにかくいつもその瞬間瞬間を楽しんでいます。楽しむことがとても上手。

●喜び

フェアリーはそのエネルギー全体から喜びの光を発しています。いつだってフェアリーたちは歓喜に溢れています。

●あそびごころ

どんなことだってその独特の「あそびごころ」というマジックを使って、楽しく喜びに満ちたものへと変えてしまいます。

フェアリーはとてもおちゃめで、ふざけっこをしていつも私を笑わせようとしてくるんですよ。

●笑い

フェアリーたちはいつも笑っています。「ウフフ」「アハハ」「エヘヘ」と、その笑い声はまるで美しいすずらんのお花が風に揺れて奏でるチャイムの音のように、その場を幸せでいっぱいにしてしまいます。

私が出会ったフェアリーたち

各国のおとぎ話や民話の中にはさまざまなフェアリーたちが登場します。レプラコーンや、ニンフや、ウンディーネや……。そうそう、サンタクロースもフェアリーの仲間なのですよ。それらの中には実際に存在するものもいます。

世界の民話に出てくるフェアリーには、名前がありますが、通常フェアリーた

ちには、名前という概念がありません。名前がなくてもエネルギーはそれぞれ違うので名前をつける必要がないのだそうです。

でも誰かに名前をつけられるのは、親しみを込めてニックネームをつけられたようでとても嬉しいのです。時にはあなたがわかりやすいように、フェアリーから「こう呼んで」と言ってくるときもあります。

★自分専用のフェアリー★

私たち母娘のところに来てくれた2体のフェアリーたちに、その後に「何と呼べばいい？」と尋ねました。彼らはとても喜んで名前を教えてくれました。

フェアリー・ゴールド

それから、

マリー・ゴールド

でした。

フェアリー・ゴールドは美しいバラのフェアリー。マリー・ゴールドはマリー

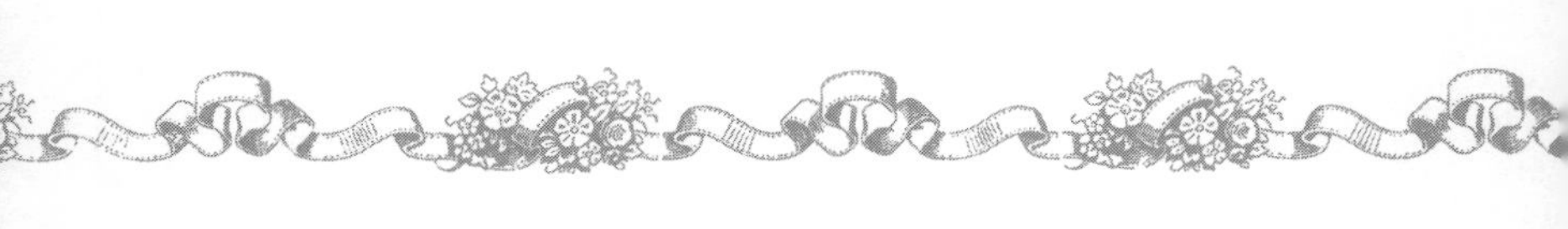

ゴールドというお花のフェアリーです。それ以後、私はいつもこの2体のフェアリーたちと両手でつながり、クライアントさんをやさしくヒーリングしています。

フェアリー・ゴールドとマリー・ゴールドは私と母のために来てくれたフェアリーですが、誰でも自分専用のフェアリーとつながることができます。Ｃｈａｐｔｅｒ４　光を探すゲーム（「あなただけのフェアリーと出会う」）のワークを楽しみにしていてくださいね。

★フェアリー・クイーン★

また、フェアリーたちの中でも特別な存在がいます。

フェアリー界のキング（王）とクイーン（女王）です。彼らは、すべてのフェアリーたちを統制しています。もちろんその純度は、他のフェアリーたちよりも非常に高くなっています。

私は一度だけ、フェアリー・クイーンに出会ったことがあります。

それは、突然目の前に現れました。全身がパール色とホワイトシルバーを混ぜたようなエネルギーでした。

フェアリー・クイーンは、とてもまばゆく発光していて、この世のものではないと感じさせられるほどで、これまで見たなによりも透明で純粋なエネルギーでした。

パール色とホワイトシルバー色の長い髪を持ち、とても大きな瞳は夜空のどの星よりも光り輝き、その瞳を覗き込むと引き込まれてゆくほどの美しさでした。私たち人間界にはないそのエネルギーに、はじめて見る私は良い意味で一種の「違和感」や驚きを覚えていました。

それはどのくらいの時間だったのか実際にはわかりません。私はその後、突然に現実の世界へと引き戻されてしまったのです。でも、あの純粋な感覚だけはその後も消えることはありませんでした。

フェアリーは、私たち人間よりも何百倍も純粋な生き物です。繊細でありながら、恐れやエゴを持たない、非常に美しい存在なのです。

そのときは突然のことでただ驚いてしまったのですが、いま思うと、フェアリー・クイーンは、「フェアリーの癒しの書籍」を出版することになった私に、「フェアリーのことをどうかたくさんの人々に伝えてください」というメッセージを届けに来てくれたのでしょう。

「不安や不満」の人生から、「楽しみ」の人生へ

フェアリー・ゴールドとマリー・ゴールドは、私たちの日常生活を見て、

「もっと人生を楽しめばいいのに」

といつも言っています。

彼らによれば、私たち人間は何でもすぐに深刻に捉えてしまって、起こってもいない未来をいつも心配しているのだそうです。

地球という星は、それはそれはたくさんの美しい景色や、大自然に恵まれているところです。そんな美しい星に住んでいながら、いつも狭いビルの中で自分を押さえつけてやりたくもないことをやっている。そんなことをしていては、不満やストレスがたまってしまうのは当然かもしれません。

私たちもフェアリーのようになれたら、どれほど人生は楽しくなるでしょう。そうです、フェアリーは「あなたたち人間も私たちのように生きることを楽しもう」と、そのサポートをするためにやってきてくれたのです。

では、どうすれば、フェアリーのようにこの地球での人生を楽しむことができるのでしょうか？
これが本書の大切なテーマのひとつですから、本書を読み進めるにあたり、ゆっくりとその方法を手に入れていってください。
コツは、楽しむこと！　楽しんでこの後もお読みになってくださいね。

好きなこと、好きなものに、もっと自由になっていい

フェアリーたちが好きなことは、踊ることと歌うこと。いつも軽快に歌いながら「喜びの舞」を踊っています。空中をくるくると舞いながら、その小さな体全身から喜びを振りまいて笑っています。フェアリーの世界では、他人を気にして歌うのが恥ずかしいだとか、踊るのはちょっと……、なんて概念は一切ないのです。誰も他の人のジャッジをしないので、誰かの目を気にすることもなく自由に自分たちの中からこみ上げてくる「喜び」「幸せ」を全身で表現しています。

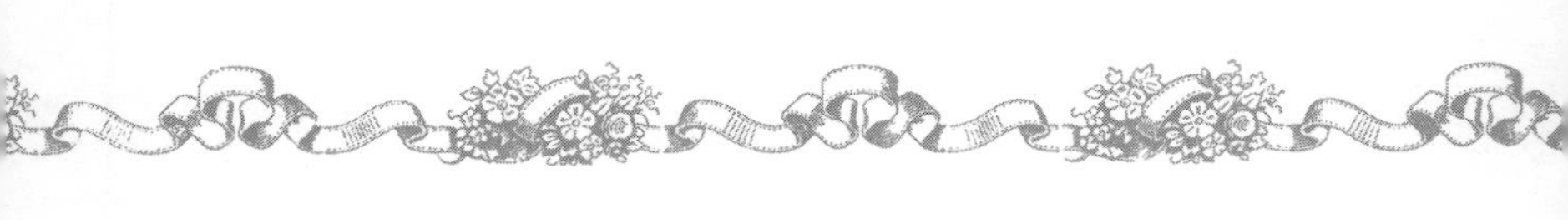

とびきり好きなものは、お菓子やはちみつなどのとっても甘いもの。私はフェアリーたちが癒しをおこなってくれたら、必ず、小さなお皿やカップにクッキーやチョコレート、はちみつなどをお礼にプレゼントします。

しばらく置いておくと、クッキーなどはほんの少しだけかじったような跡がついています。

それから、フェアリーはキラキラと輝くものが大好き。ラメ入りの小物や、ビジューなアクセサリーや、ラインストーンなどがお気に入り。

なんといっても、キラキラと光を受けて輝くクリスタル（＊）が大好きです（＊本書では天然石、鉱物、パワーストーンなどのことを総して「クリスタル」と表現します）。

フェアリーが特に好きなクリスタルは、

カクタスストーン

パイライト

カルサイト
ゴールデンカルサイト
ペリドット
などなど……。

太陽の光に反射してできるクリスタルのキラキラが大好きなのです。また、クリスタルの光の屈折などで生まれるレインボーも大好き。
自然界でできるキラキラしたものは、たとえば、太陽が昇って、お花や葉っぱに最初にできた朝露の雫の中のきらめき。満月の夜に月のあかりで水面にできるきらめきなども大好きです。

素敵なフェアリー・マジックを起こそう

喜びや楽しみを暮らしの中で大切にしたり、キラキラしたものや自然のエネルギーにフェアリーを感じたりするようになってくると、フェアリーがいたずらをしてくることがあります。

それは、あなたがフェアリー波動に近づいてきたか、あなたのことを友達だと認識しはじめた証拠で、嬉しいいたずらです。

たとえば、幸運な偶然であるシンクロニシティが頻繁に起きたりします。シンクロニシティは、人生が大きく好転していく前段階です。

また、次々とラッキーなことが起こったり、何もなくても心が軽くなって、毎日が楽しくなってきたり、長年ずっと苦しんでいた悩み事がすっきり解消してしまったり。また、明らかに運気が上がっていることを感じたり、願い事があっさり叶ってしまったりすることもあります。

私がフェアリー・ヒーリングをお伝えし、実践してくださった受講生にも、驚くような変化が次々に起きています。

お子さんたちも驚くほどご主人が優しくなり家族関係が劇的に改善された方。就職活動を始めたらワークで出てきたキーワードと同じ名前の会社とご縁があった方。頭に思い浮かべた人に何度もばったり会うなんて当たり前。私の講座で同じテーブルだった人同士が別の場所で偶然会ったりする……なんて、奇跡のよう

な出来事が起こった方もいます。

陽気で喜びを運んでくれるフェアリーはそんな素敵なフェアリー・マジックを届けてくれます。

さあ、次はあなたの番です。あなたもフェアリーとお友達になって素敵なフェアリー・マジックを起こしましょう。

フェアリーと仲良くなるには、いくつかのコツがあります。それはどんなものでしょう。

Ｃｈａｐｔｅｒ２では、いよいよ、フェアリーとあなたが出会っていくためのいろいろな方法をお伝えしていきますね。

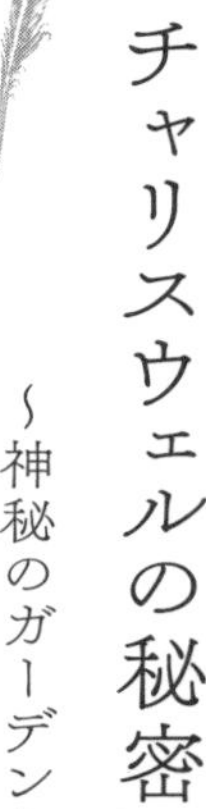

チャリスウェルの秘密の庭

~神秘のガーデンをご紹介します~

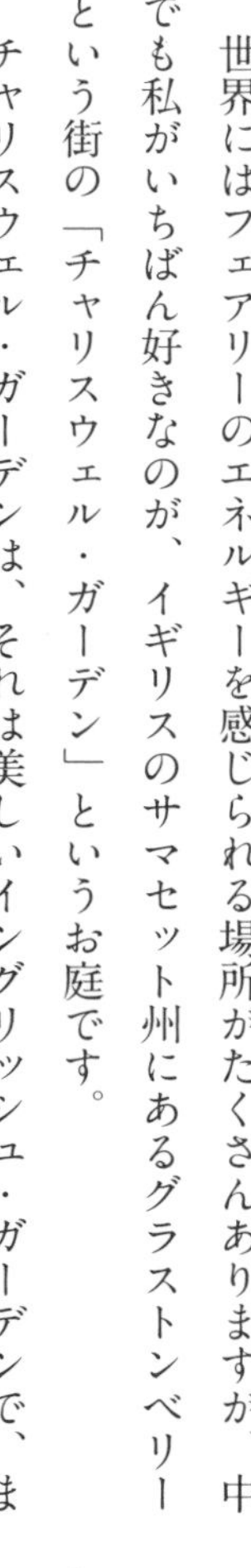

世界にはフェアリーのエネルギーを感じられる場所がたくさんありますが、中でも私がいちばん好きなのが、イギリスのサマセット州にあるグラストンベリーという街の「チャリスウェル・ガーデン」というお庭です。

チャリスウェル・ガーデンは、それは美しいイングリッシュ・ガーデンで、まるで童話の1ページに迷い込んだかのよう。ここではたくさんのフェアリーと出会うことができます。

木々や花の間でフェアリーたちが遊んでいるのを見ると、ここがフェアリーの国ではないかと錯覚してしまうほどです。

そんなチャリスウェル・ガーデンには、聖なる泉「チャリスウェル」があります。

チャリスは聖杯、そしてウェルは井戸を意味し、「最後の晩餐」で使われた聖杯をこの井戸に埋めたという伝説があるのです。鉄分を多く含む赤い水が2000年以上枯れることなくこんこんと湧き続けており、この水がヒーリング・パワーを持つとして18世紀頃から有名になりました。

私もこの聖なる泉の水と、ガーデンの植物から作られたフラワーエッセンス「チャリスウェルエッセンス」をヒーリングに使用しています（このエッセンスは、チャリスウェル・トラストという非営利団体により、ひとつひとつとても丁寧に作られています）。

フラワーエッセンスにはさまざまな種類があり、それぞれに効能がありますが、チャリスウェルエッセンスは愛とバランス、そして強さと勇気をもたらしてくれます。

また、気付きや変化を受け入れる力を与え、不要なエネルギーを浄化し、エネルギーのバランスを穏やかに整え、平和と喜びと愛に変容させます。

3つのエネルギーが集まる神秘の町

チャリスウェルを抱くグラストンベリーは、町自体が神秘の伝説が残るパワースポットで、偉大な3つのエネルギーが集まっています。

大天使ミカエルの力強いエネルギー、聖母マリア様の愛のエネルギー、そして、イエス・キリストの「キリスト意識」です。

キリスト意識とは、キリストが持つ愛と癒しの意識のことで、キリストを宗教的観点ではなく、人類を導くアセンデッド・マスターというスピリチュアルの観点で語るときに使う言葉です。この意識に触れると誰もが無条件の愛、平和を体感でき、自然と自分自身や他者への受容、許しが起こると言われています。

素晴らしいエネルギーが集結するグラストンベリーには、世界中のニューエイジの方々が集まり、ヒーリングやリーディングを受けたり、この地のエネルギーをチャージしたりしています。

フェアリー界の入り口「グラストンベリー・トー」

チャリスウェル・ガーデンでたくさんのフェアリーと出会えるのはわけがあります。実は、グラストンベリーにフェアリー界の入り口があるからなのです。チャリスウェル・ガーデンのそばにある小高い丘の上に建つグラストンベリー・トー（大天使ミカエルの塔）がそれです。フェアリーたちが人間界へとやってくるためのゲートの役割を果たしているのです。

高波動のエネルギーを発する場所をパワースポットと呼び、そのパワースポットをつなぐエネルギーラインのことを「レイライン」、東洋では、「龍脈」と言います。イギリス最大のレイラインである、大天使ミカエルのエネルギーが走る「セント・マイケルズ・ライン」と、聖母マリア様のエネルギーが走る「セント・メリー・カレント」が交差するその場所にグラストンベリー・トーはあります。

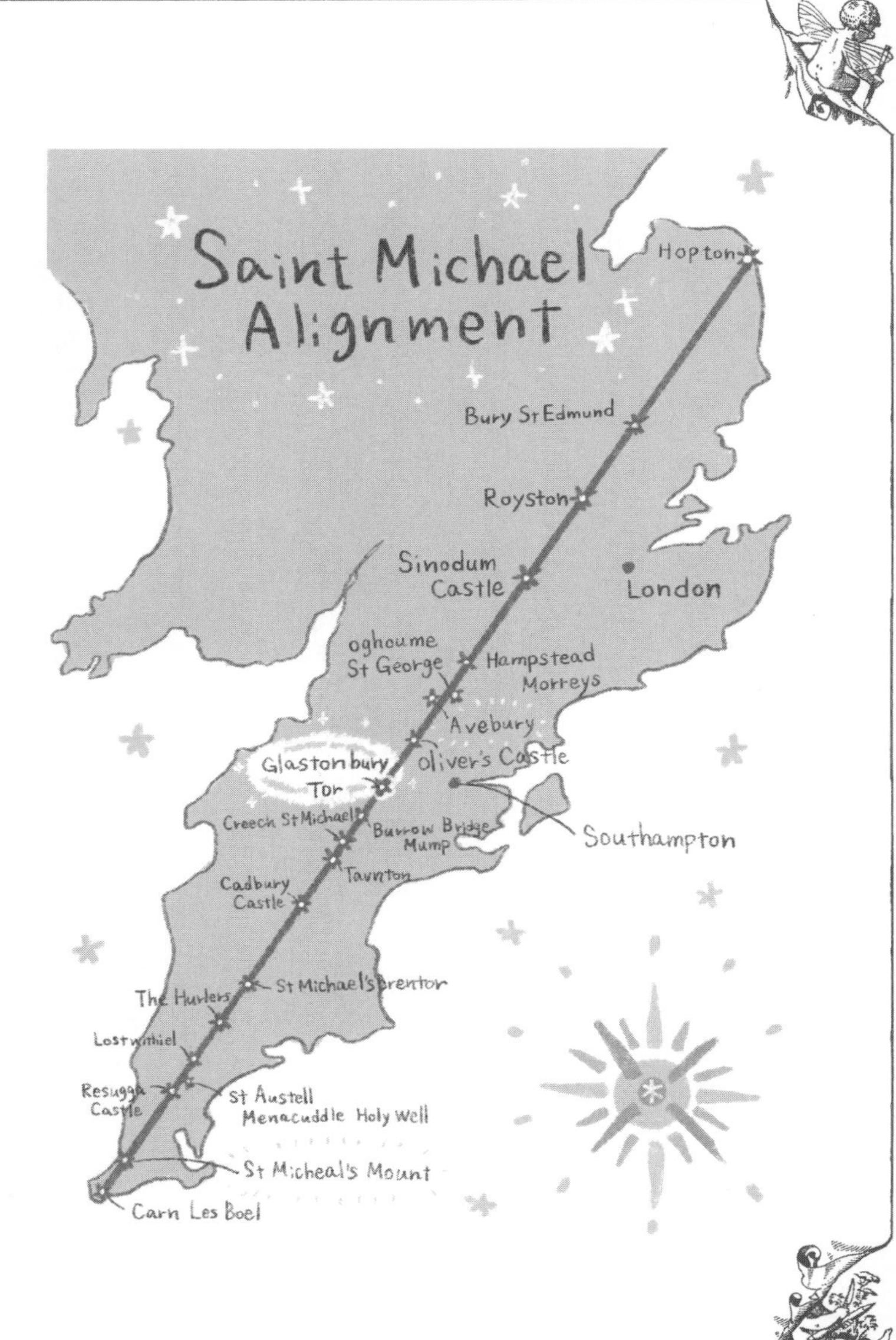
Saint Michael Alignment
Hopton
Bury St Edmund
Royston
Sinodum Castle
London
oghoume St George
Hampstead Morreys
Avebury
Glastonbury Tor
oliver's Castle
Southampton
Creech St Michael
Burrow Bridge Mump
Taunton
Cadbury Castle
St Michael's Brentor
The Hurlers
Lostwithiel
Resugga Castle
St Austell
Menacuddle Holy Well
St Micheal's Mount
Carn Les Boel

フェアリーの国の名前は「アヴァロン」。

大昔、アーサー王という王様が他国との戦いで負傷したとき、3人の妖精が彼をアヴァロンにある島へと連れていき、癒したとされています。

アヴァロンとは、ケルト語でりんごを意味する「abal」に由来すると言われています。

この地のフェアリーから聞いたところ、りんごやチェリー、ベリーといった果実の芳しい香りに満ちた楽園のような場所だと言います。太陽が人間界よりずっと明るく降り注ぎ、色彩豊かな花が咲き乱れる様はあのチャリスウェル・ガーデンよりずっと美しいのかもしれません。

また、アヴァロンでは「欲しい」と思ったものはすぐに引き寄せられるのだそうです。願いが何でも叶い、愛と癒しに満ちたそこは、まさに理想郷。

人間界にやってきたフェアリーたちは、またグラストンベリー・トーからアヴァロンへ帰ります。そのときは、塔の中に入って天空から注ぎ込む浄化のエネルギーをシャワーのように浴びてからゲートをくぐっていくのです。

Glastonbury Tor

Chapter 2

フェアリーに出会える人、出会えない人

「こどもごころ」と「あそびごころ」のすごいパワー

フェアリーに出会える人の3つの共通点

純粋で美しいフェアリーに出会いたい、そして自分の人生にフェアリー・マジックを起こしたいと願っても、実は、フェアリーに出会える人と出会えない人がいます。その違いは一体何でしょうか?

次の3つがポイントです。

1 フェアリーは自然を大切にする人が好き

まず、フェアリーはとても純粋な超自然の生き物です。そしてこの地球の自然保護をすることも彼らの大切な任務のひとつです。

ですから、自然をとても重んじる人、大切にする人、守る人はフェアリーと出会える確率が非常に高くなります。

逆に、自然を破壊してしまう結果につながる行動をする人や、自分たちの勝手で木の枝を切り落としたり、芝生や緑の草原をずかずかと踏み散らしてしまうような、またはゴミなどを置きざりにして帰るような人はフェアリーとは出会うこ

とができません。

2 フェアリーはフェアリーを信じている人が好き

フェアリーの存在を信じているか、いないか、これもとても大切なポイント。「フェアリーなんて存在しない！」そんな風に思っていたら、残念ながらフェアリーとは出会うことはできません。フェアリーの存在を信じているとても素直で純粋なこころ、これが出会うためにとても大切です。

3 フェアリーは「マジカルチャイルド」が活性化している人が好き

じつは、マジカルチャイルドという魔法の子どもが元々あなたの中にいました。その子はフェアリーと大の親友。同じような波動をまとっているからです。今でもその「マジカルチャイルド」が活性化している人がフェアリーは大好き。ピュアで大人になってもいつまでも「こどもごころ」を持っている人。エネルギーが清らかで、こころがとても澄んでいる、まるで小さな子どものように純粋で、駆け引きや競争心や、ジャッジなどのエゴを持っていない人のことです。

あなたの中の魔法の子ども「マジカルチャイルド」

フェアリーに出会える人の条件。あなたはいくつ当てはまりましたか？
前ページに出てきた、マジカルチャイルドとは何でしょう？
ここでフェアリーととても仲良しなマジカルチャイルドをご紹介しましょう。

マジカルチャイルドとは、純真無垢で喜びでいっぱいの魔法の子ども。とても好奇心旺盛な、すべてを遊びに変えてしまう超スーパーポジティブな子どもです。どのくらいかと言うと、あなたの前向きな好奇心の１０００倍は軽くあるようなそれほどパワフルな子どもです。

マジカルチャイルドはあなたの中にいる「内なる子ども」で、誰の中にも、この子どもはいます。

赤ちゃんだった頃のあなたは喜びでいっぱいでした。「さあ、これからどんな楽しいことを体験するんだろう！」と期待でいっぱいです。

このとき、あなたの内面はマジカルチャイルド率100％の状態。つまり赤ちゃんはマジカルチャイルドそのものとも言えるのです。

マジカルチャイルド率が高かった頃、あなたはフェアリーたちとよく遊んでいました。そう、マジカルチャイルドはフェアリーの大親友ですから。

公園のお花畑でお花の周りをくるくると舞い踊るフェアリーを見て、きゃっきゃと声をあげて一緒に遊んでいましたね。長い冬が終わりを告げ、春の光りと共にやってくるスプリング・フェアリー（春を連れてくるフェアリー）たちを見ては大喜びしていましたね。

でも、成長するにつれ、あなたはいろいろなことに気づきます。

「この世は楽しいことだけじゃないんだ」「どうやらやってはイケナイことがたくさんあるんだ」「どうも、自分は他と比べて出来が悪いみたいだ」と、苦悩や制限、不安やおそれ、自己否定やコンプレックスなどを身につけていってしまうのです。

マジカルチャイルド100％だったあなたは、だんだんマジカルチャイルド80％、50％と変わっていきます。

自己否定がこわいのは、だんだん大きくなっていくこと。最初は小さくても、やがて、「私は他と比べて劣っているから幸せになれない」とか「自分には価値がない」などと自分を丸ごと支配するようになることです。

「あなたは出来が悪いのだから、人の何倍も努力しなさい」
「遊んでいる暇があれば、勉強しなさい」

いつしか、これらの言葉を親や先生ではなく、あなたがあなたに言うようになっていました。「もっと頑張らないといけない」「自分はダメなのだ」と自分自身に言っているうちに、うんと小さくなってしまったマジカルチャイルドは、やがて眠りについてしまいます。

そして、あなたがフェアリーと遊ぶこともなくなりました。

でも、フェアリーはあなたのそばから去ったわけではありません。フェアリーたちはあれから少しも変わらずそばにいて、今でもちゃんと覚えています。ずっとずっと昔のあの日、あなたと一緒に大喜びして遊んだことを。そして、あなたが気づいてくれるのを待っているのです。

フェアリーのサインに気づいてみよう

その証拠に、たとえばこんなことがありませんか?

仕事で大失敗をして落ち込んでしまった日の帰り道、家に向かって歩いていたら、そよ風がふわりと舞い、あなたの頬を心地よくなでていった……。

それはフェアリーがあなたをやさしく応援しているのです。「失敗したけど大丈夫。今度は必ずうまくやれるよ!」という具合に。

または大きな悲しみにくれてベンチに座っていたとき、やさしいお花の香りがどこからともなく漂ってきます。その香りはお化粧品のような化学的な香料では

なく、とてもピュアな心地良い自然の香りです。そんなときは、傷ついたあなたをそっと癒しにフェアリーがやって来ています。

また時にはそよ風を使って、花びらと一緒にくるくる舞ってサインを送ってきます。それは「一緒に踊って楽しもうよ！」とあなたを誘っているのです。

こんな風にフェアリーたちは、いつもあなたのそばにいます。目をこらし、耳をすませ、心の目をとぎすましていると、そのサインに気づくはずです

「フェアリー波動」になると、いいことがどんどん引き寄せられる

マジカルチャイルドとフェアリーが友達になれたのは、両者がとてもよく似ているからです。といっても似ているのは容姿ではなく、「エネルギー」です。

彼らの共通点は、いつも明るく陽気で、遊びごころと好奇心にあふれ、一切の恐れがないこと。そんなエネルギーのことを**「フェアリー波動」**と言います。

ですから宇宙の法則である「引き寄せの法則」により、フェアリーとマジカルチャイルドはいつも引き寄せ合って、共鳴しあっているのです。

マジカルチャイルドとフェアリーの関係性を見ていく前にまず、フェアリー波動についてお話しします。

Chapter1で、フェアリーは私たちの近くにいるけれど、住む世界が違うから通常は目に見えないというお話をしましたね。

私たち人間とフェアリーの住む世界を分けるのは、壁などではありません。少し難しい言葉ですが「振動数」によって分かたれているのです。

この世の中にあるすべてのもの……実は、人間も植物も、椅子やテーブルなどのモノも細かく振動していることがわかっています。その振動が一定の時間の中で何回繰り返されるかを表すのが振動数です。その振動のことを「波動」といいます。フェアリーももちろん振動しており、彼らが持つ特有の振動数を「フェアリー波動」と呼んでいます。

天使たちの世界、フェアリーたちの世界、そして私たちの住む人間界は、振動数によって世界が分かれています。マンションのように階層で分かれているようなイメージで、振動数の高い住人ほど高いフロアに住んでいます。

振動数と純度のおはなし

では、住む階層……振動数を決めるものは一体なんでしょうか?

答えは純度です。純度とはピュアさのこと。エネルギーに混じりけがなく、より純粋で清らかであるほど純度が高いということです。

もっとも純度が高い世界、つまり最上階を**「ソース（源）」**と言います。それはすべての根源で、すべてを構成している大元となるものです。そのソースの世界は、「愛」だけの世界。まさに天国の次元です。

ソース界のすぐ下には、天使界があります。天使とは、その字の通りに、天から遣わされたものです。この宇宙が整然と正常に流れてゆくように働くのが天使たちの役割です。

天使界のすぐ下の世界に住んでいるのが……もうおわかりですね、そう、フェアリーたちです。天使界にいる天使たちから依頼を受けて、その下の人間界、私

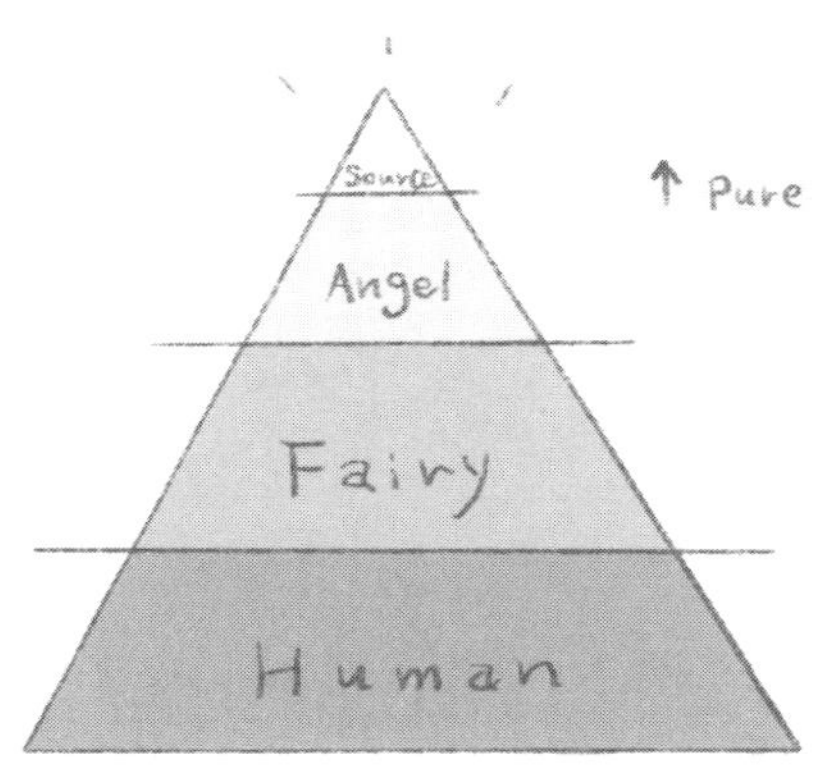

エネルギーの純度の階層。
上にいくほど純度が高い。

たち人類や、動物、鉱物、植物などの大自然、地球そのものを守護・サポート・癒し・導くのがフェアリーたちの役割です。

フェアリーたちが私たち地球人と一番密接で関わりが深い存在であるのは、このような理由からなのです。

一番低い階層には人間界があります。つまり、もっとも純度が低い世界ということです。エネルギーに混じりけがないほど純度が高い、とお伝えしましたが、エネルギーを濁らせるものとは何か？ここまで読んでくださったあなたならおわかりでしょう。それは、恐れや怒り、エゴといった感情です。これを**「不要な**

エネルギー」と言います。

ここでピンときた方もいらっしゃるかもしれません。

この不要なエネルギーを減らし、純度を高めればフェアリーたちが見えるのではないか？　と。

その通りです。

純度を高めてフェアリー波動、つまりフェアリーたち特有の振動数に近づくほど、「マジカルチャイルド」がむくむくと目を覚ましだします。そして、フェアリーの姿は、光の煌めきとして見ることができます。

私は毎朝、フェアリーたちに振動数を合わせるために、メディテーション（瞑想）をおこない、フェアリー界とつながります。

瞑想をすることで、いつもいる人間界からフェアリー界へと移行することができます。それは自分自身の振動数をあげて次元階層をシフトアップする方法です。

不可能を可能にもするマジカルチャイルドのパワー

私の体験をお話ししますね。

私は、母が入院していた病院でフェアリー・ゴールド、マリー・ゴールドと出会い、愛する母を亡くした悲しみを癒すため、フェアリーたちの力を借りて、自分自身を癒してゆきました。

フェアリーたちが教えてくれた癒しは、悲しみや苦しみを手放して光に変えていくというものでした。感情を癒していくうちに、いつしか私の中が癒しの光で満たされ、エネルギーが浄化されていることに気づいたのです。

一旦浄化が始まると私の中にあった、これまでずっと奥の方に隠し持っていた「不要なエネルギー」の浄化も始まりました。

そこで私は同じ要領で、自信がない、傷つくのが怖いといったマイナスの感情つまり「不要なエネルギー」たちを光に変えることを試みました。

するとどうでしょう。

なんと私の中で小さくなって眠っていた「マジカルチャイルド」が目を覚まし

たのです。浄化が進んでゆけばゆくほど、私のエネルギーは澄み渡ってゆき、純度が上がっていきました。そして、「フェアリー波動」を放つようになると、マジカルチャイルドがますます活性化して、フェアリーとのつながりがさらに濃くなってゆき、彼らの姿がよりはっきり見え、声がよく聞こえるようになりました。

こうなってくると、私の中のマジカルチャイルドから「インスピレーション」という名のパワフルなアイディアが受け取れるようになります。

たとえば、こんな感じ。

「ねぇねぇ。日本を飛び出して外国のスピリチュアルスポットに行き、さらに浄化を加速しようよ！」

「素晴らしい聖地に宿るエネルギーを遠隔ヒーリングでみんなにもお届けしようよ！」

最初にこのメッセージを受け取ったときの私は、一人旅をするには適していないおぼつかない英語力で、現地に知り合いがいるわけでもなく、車の運転免許も持っているわけでもなく、それは無謀なチャレンジのように思いました。

そう、マジカルチャイルドには「不可能」という概念がないのです。

マジカルチャイルドと
フェアリーと
ふつうの人の違い

ログセ	フェアリー波動	特徴	純度	
大丈夫やろう!	◎	好奇心 すべて遊びに変える スーパーポジティブ	95%	マジカルチャイルド
楽しい	◎	軽い 楽しい 喜び 遊び心	100%	フェアリー
できない 恐い	△	恐れが優勢	40%〜	ふつうの人

「そんなの無理！　絶対にできない！」もちろん私は恐れから、そんな風に抵抗したのですが、マジカルチャイルドは「絶対に大丈夫！　必ずうまくいくから、やろう！」といって怖がる私の背中を押してくれます。そして、結果はいつも必ず大成功。それどころか、多くの喜びと愛と感動の体験をもたらしてくれました。

そうやって新たな扉をどんどん開いていってくれるのです。

マジカルチャイルドとタッグを組むようになったら、人生怖いもの無し！　想像もつかないような素晴らしいアイディアを提供してくれるのです。それはいつもワクワクするような、最高の宝物。

いまだって、私の中のマジカルチャイルドがフェアリーとつながり、本書の筆を走らせていってくれているのですから。

幸せには不要な、恐れや不安を浄化しましょう

私のようにマジカルチャイルドを起こして、フェアリーと再び仲良くなるにはどうすればいいのでしょうか？

簡単です！　ずばり、これまでと逆のことをやればいいのです。

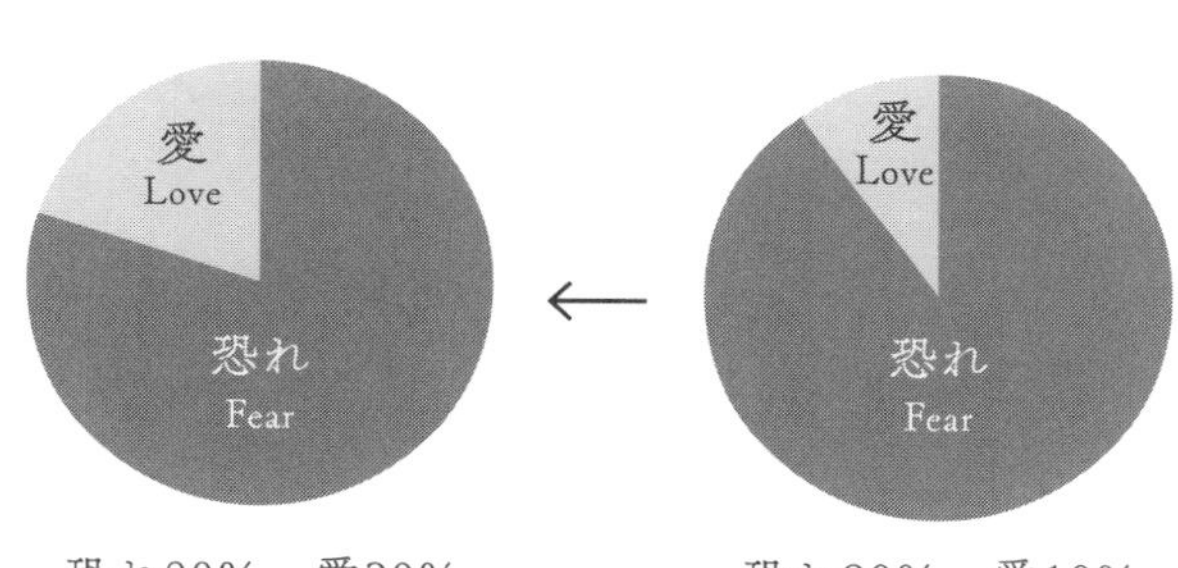

恐れ80%　愛20%　　　恐れ90%　愛10%

あなたが大人になるにつれ身につけてしまったマイナスの感情＝不要なエネルギーを癒していきましょう。恐怖や不安、自己嫌悪や劣等感、これらはすべて幸せになるためには不要なものだからです。

あなたがあなたの中にできてしまった不要なエネルギーである「恐れ」を浄化する（癒す）ことにより、愛が増えてゆくのです。

たとえば、あなたが恐れを10％浄化したとすると、その分あなたの中にある愛（のエネルギー）が10％増えてゆきます。

恐れを浄化してゆけばゆくほど、あなたはまたフェアリー波動へと戻ってゆくのです。なぜならフェアリー波動は愛でできていますから。

そして、かつてのマジカルチャイルドのあなた

へとまた戻ってゆくのです。

では、次からはあなたの中にある「不要なエネルギー」を癒して、愛の光のエネルギーへと、つまり、「必要なエネルギー」へと変えてゆきましょう。

Ｃｈａｐｔｅｒ３では、あなた自身があなたを癒すことが簡単にできる「セルフヒーリング」のスキルをフェアリーに伝授してもらいます。

Chapter 3

あなた自身が、あなたを癒すヒーラーになろう

フェアリーが教えてくれたセルフヒーリング

セルフヒーリングは、自分を愛するということ

あなたはもう、
幸せな人生の入り口に立っています。

あなたを癒す最大の癒し手はあなた。
あなたが一番のあなたのヒーラーなのです。

セルフヒーリングは究極の「自分を愛する」ということ。

自分を癒し、幸せになることが自分を愛することだからです。

それはちっとも難しいことではありません。
お教えするのは、誰でも簡単にできるセルフヒーリングばかりなので、気軽に習得していただけます。

簡単にできるからこそ、
浄化、癒しをどんどん進めていけるのです。

そしてフェアリー直伝のセルフヒーリング
のポイントは、
あなたの中の純粋な「あそびごころ」と「こ
どもごころ」をフル稼働して、
楽しんでやっていくことです。

あなたが自分で自分を癒す、そんな癒し。
準備はいいですか？
さあ、はじめていきますよ！

**「あそびごころ」と「こどもごころ」を
フル稼働させせよう！**

Lesson 1 初級編

誰でも超簡単にできる［日常的なヒーリング］

これまでのＣｈａｐｔｅｒで、フェアリーを身近に感じていただけたでしょうか。

では、いよいよ実践です。

つぎは、かつての私に癒しが必要だったとき、フェアリーが教えてくれた自分自身で自分を癒す「セルフヒーリング」の数々のスキルをご紹介します。

段階をおって、初級、中級、上級とまとめてみました。上級編については、Ｃｈａｐｔｅｒ５で説明しますので、まずは初級、中級をお楽しみくださいね。

1 朝の時間にフェアリーとつながる

フェアリーは、毎日新しく生まれる朝が大好き！　とってもフレッシュで生まれたての赤ちゃんみたいだからです。そして、朝の時間はフェアリーたちがとても行動的になっているので、出会える確率が高いのです。

あなたが朝起きたら、まずは真っ先にお部屋のカーテンと窓を開けてください。朝の新鮮な空気と共に、フェアリーもあなたのお部屋に入ってきます。

寝ている間に停滞してしまったお部屋のエネルギーとあなた自身が、外の新鮮な空気とフェアリーたちによって、自動的に浄化されていきます。

住環境により、そんな長い間開け放しておくことができない場合は、5分ほどでも大丈夫です。

お部屋の空気を入れ替えるとフレッシュな気持ちになりますが、それはこのようにフェアリーたちがこっそりと癒しをおこなってくれているからなのです。

なるべく朝の新鮮な太陽の光を全身に浴びてください。

太陽の光を浴びることによって私たち人間の体は、セロトニン（後述）が活発になってゆき、自然とポジティブな光のスイッチが入ってゆきます。それにより体全体に生命エネルギーがゆきわたり、心身共に健やかに一日を過ごすことができます。

また、雨の日であっても朝起きたらカーテンを開け、窓も可能な範囲で開けてください。

天候は関係なく、朝の新鮮な空気と共にフェアリーがあなたのところへと入ってきます。厚い雲で太陽が遮られていたとしても、雲の上では、いつも大きくて温かい太陽がそこにあります。雨の日も太陽は見えないだけで、ちゃんとあなたに太陽の光は届いていますので、ポジティブな光のスイッチは問題なく入ってきます。

2 植物やお花に声をかける

植物やお花の周りには、必ず癒しが大好きなフラワー・フェアリーがいます。そんな彼らと簡単に交流できる方法をお伝えしますね。

あなたのお家にある鉢植えなどにお水をあげるときに、「今からお水をかけますよ」と、一声かけてからあげるようにしてください。また、枯れてきた葉や、お花を摘むときも、「摘みますよ」と一声かけましょう。

声がけをしないでいきなりやってしまうと、フラワー・フェアリーたちが驚いてしまいます。

逆にちゃんと声がけをすることにより、フラワー・フェアリーたちは、「この人はちゃんと私たちの存在を信じてくれているんだ」とわかり、とても喜びます。そしていつも植物たちを大切にしてくれているあなたに、何かお返しをしたいと思い、素敵なフェアリー・マジックをあなたに起こしてくれたりしますよ。

でもだからと言って、「これをしてあげたんだから、お返しにこんなマジック

を起こしてほしい！」と、人間のエゴの部分が出てしまわないようにしてくださいね。

人間のエゴからの願い事はフラワー・フェアリーたちには届きません。そんなことをしなくても、純粋なあなたには彼らがあなたにとって最良の素敵なフェアリー・マジックを起こしてくれます。

ぜひ、水をあげるときや、お花を摘むときだけでなく、きれいな花を咲かせたとき、ちょっと元気がないときなど、折にふれて声をかけてあげてくださいね。

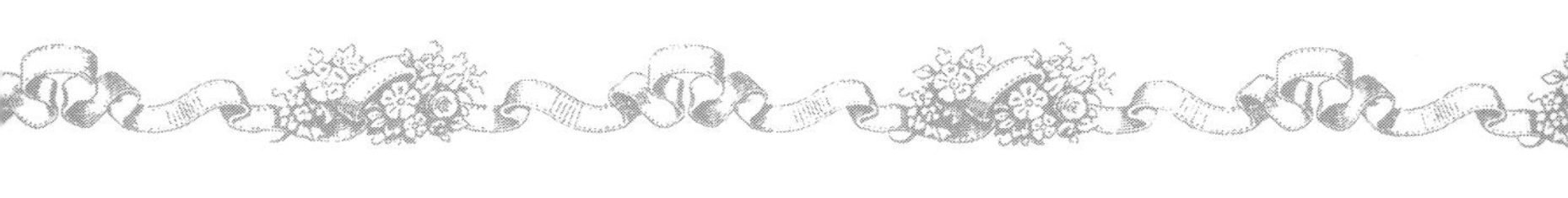

3 自分だけのフェアリー・ガーデンをつくる

昨今ではガーデニングも人気の趣味のひとつですね。

現代の都会に住む人々はコンクリートの地面の上で生活をしていて、土を踏むこと自体が少なくなってきています。もし、あなたのお家にお庭があるのならば、是非ガーデニングをしてみてください。あなただけのフェアリー・ガーデンを作るのも素敵です。

好きなお花の苗や種を植えてみましょう。あなた好みのガーデンができたら、そこにフェアリーの小さな置物を置いてあげます（フェアリーガーデンオーナメントで検索したらネットで購入できます。またはガーデニングの専門店やホームセンターなどで目にすることもあるでしょう）。

キラキラした小さなクリスタルを置いてあげてもいいですし、小鳥が訪れるための小さな鳥かごを置いてあげてもいいでしょう。それらのものがあなたのガーデンにあれば、フラワー・フェアリーたちは喜んであなたのガーデンに遊びに来てくれます。そして、植物たちを育み、同時にあなたを癒してくれます。

もしも、マンション暮らしでお庭がない方でも、ベランダにいくつかの鉢植えを置くことであなただけのフェアリー・ガーデンが作れます。

もちろん、そこにもフラワー・フェアリーたちは喜んで遊びに来てくれますよ。

ガーデニングは土に触れるよい機会です。お庭の土を触ったり、鉢植えの土を触ったりすることにより、あなたと大地のフェアリーである、アース・フェアリーとの絆も深まっていきます。それにより、あなたはさらにしっかりとしたグラウンディング（後述）がされてゆき、自分軸を強化してゆくことでしょう。

4 部屋にお花の癒しを取り入れる

何かに行き詰まってしまったときやモヤモヤしているとき、簡単にできるフラワー・フェアリーの癒しをご紹介します。

ガーデンを作るのはちょっと大変というあなたは、お花屋さんに行ってみてください。

店内に置いてあるステキなお花を一通り見て、あなたがいちばんこころ惹かれたお花を購入してください。小さなブーケでも花束でも、または一輪のお花でも結構です。

とにかくあなたが「いちばん好き」って思ったお花を選びます。なぜなら、あなたが気になったお花のフェアリーが、そのときのあなたをやさしく癒してくれるからです。

お家に帰ったらすぐに花瓶に生けてあげましょう。そして、いつもあなたの目に触れるところに飾っておいてください。

毎日、丁寧にお水を替えてあげてくださいね。
そのお花に宿っているフラワー・フェアリーが、あなたを少しずつすこしずつ癒してくれます。
そのお花が枯れてしまう頃にはあなたの癒しは完了していて、きっと元気なあなたへと戻っていることでしょう。

5 森や林、海、川など自然のあるところに行ってみる

休日の天候の良い日などは、思いきって森や林などがある山をハイキングやミニトレッキングするのもオススメです。トレッキングツアーなどを利用すれば、初心者でも簡単に体験できます。

森や林の中にはたくさんのフェアリーたちがいます。山道に咲いているお花をむやみに摘んでしまったり、踏みつけてしまったりしないように気をつけてくださいね。そういう気づかいができる優しいあなたにフェアリーたちは、好意を持ってくれます。

ぜひ、あなたの方からフェアリーたちにお声をかけてください、こんな風に。

「こんにちは！　今日はフェアリーたちに会いにやってきました。日々の生活で疲れてしまった私のこころを癒してください」

フェアリーたちは、喜んであなたにたくさんの癒しのエネルギーを流してくれ

ることでしょう。こころのお洗濯ができるはずです。

また、海や川、湖などにもそこに宿るフェアリーたちがいるので、同じように挨拶をして、大自然と共存しているフェアリーたちと共に過ごすのも素敵な体験になると思います。

遠出ができない場合でも、近くの公園にある大きな木に会いにいくという方法があります。

大きな木は、あなたの疲れたこころを優しく包み込み、疲れを吸い取ってくれるでしょう。

木に触れたり、ハグをしたりしたいと思ったら、必ず「あなたに触ってもいい？」「ハグをしてもいい？」という具合に聞いてあげてからにしてください。突然触られたり、ハグをされるとそこに宿るフェアリーたちが驚いてしまいますからね。

森や海、川や湖、大きな木……そんな大自然と触れ合って、浄化が起こり、涙が流れてくることがありますが、そんなときはその涙を決して止めないで、あなたの中からやさしく解放させてあげてください。その後は、きっとスッキリするはずです。

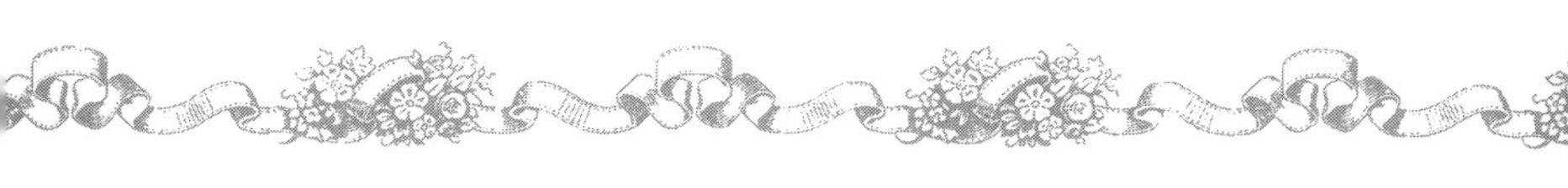

6 キラキラしたものを身につける

前述しましたように、フェアリーはキラキラと煌めいているものが大好きなので、あなたが光の加減でキラキラと光輝くようなクリスタルのアクセサリーなどを身につけていれば、それに惹かれてフェアリーがあなたのところへとやってきてくれます。

パワーストーンブレスレットなど、繊細なカットが施されたクリスタルで紡がれたアクセサリーなどは特にオススメです。

また、身につけるものでなくて置き石などでもOKです。よく晴れた日の太陽の光を当ててあげると、太陽の光とクリスタルのエネルギーが共鳴して素晴らしい倍音を奏でますので、それに引き寄せられたフェアリーたちがやってきて喜びのダンスを舞うことでしょう。

クリスタルをより活用するワークや浄化法については、中級編で改めてお話ししますね。

7 フェアリー・グッズを使う

フェアリーのモチーフは昔から人気がありますから、フェアリーのイラストが付いているようなフェアリー・グッズを探してみましょう。簡単に見つけることができるはずです。

マグカップ、スケジュールノートやペン、ポーチやスマホケース……etc.。それらのフェアリーグッズを大切に使ってあげれば、そこにフェアリーがやってきてくれるでしょう。

たとえばマグカップなら、幸せに包まれたフェアリー波動のティータイムを楽しませてくれるでしょう。その時間は疲れたあなたを癒してくれ、スッキリとリフレッシュできる大切な時間となります。

スケジュールノートやペンなども楽しんで使っていれば、フェアリーがこっそりとフェアリー・マジックを起こしてくれるかもしれません。

たとえば、うれしい集まりに招待されたり、お友達との楽しい約束事や、あなたが楽しみになる予定でスケジュールが埋まっていったり。

フェアリーのスマホケースを使っていたら、うれしい連絡が入ったり、有益な情報を検索できたり……。

あなたの身の回りにフェアリー・グッズがあれば、そこにあなたのフェアリーがやってきてあなたをこっそりと癒してくれます。このようにフェアリーはいつもあなたを癒したいと思っているのです。

Lesson 2
中級編

言葉や笑い、食事でヒーリング

私たちは朝起きて「おはよう」から眠る前の「おやすみなさい」まで、1日のうちにたくさんの言葉を発します。また、1日中お家で過ごして誰とも会話しなかったとしても、知らない間に独り言を言っているものです。

そんなあなたが発する言葉をいつも側でいちばん聞いている人は誰でしょう？

それは、あなた自身。**普段使っている言葉があなたのエネルギーを作ってしまいますから気を付けてください。**

「ありがとう」
「ムカつく」

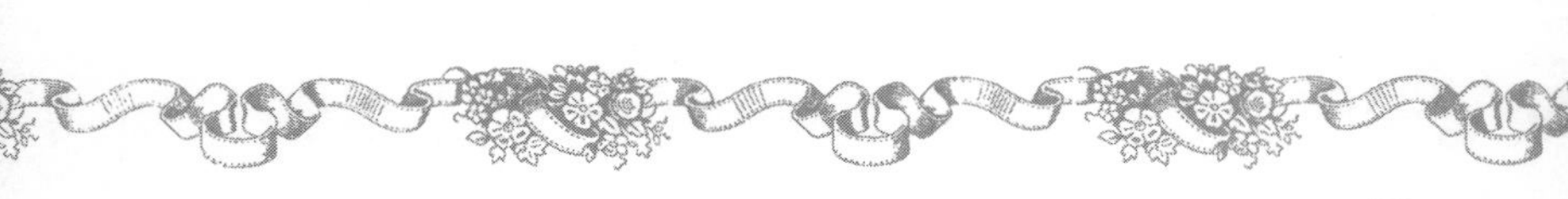

この二つの「言葉」のエネルギー（波動）は全く違います。

言葉は大きなエネルギーを持っています。

たいてい言葉には、その言葉の意味にふさわしい感情が乗っているのです。

「ありがとう」は感謝という最高の愛が詰まった、非常にピュアで清らかな波動。

「ありがとう」という言葉を発したら、高い愛のエネルギーに包まれます。

親しい間柄であるほど、「言わなくてもわかるだろう」とか、「今さら照れくさい」と「ありがとう」を言うのを避けていませんか？

今日からは是非、あえて口に出して言う習慣をつけてみましょう。

「ありがとう」と言った人も言われた人も幸せな気持ちになり、その空間が一瞬で愛の波動で満たされます。まさに、フェアリー波動を持つ言葉です。

対して、「ムカつく」は非常に低い波動。「ムカつく」という言葉を発してしまったら、自分が「ムカつく」エネルギーに包まれてしまいます。こういう言葉が口グセになっていないか気を付けてみてください。その言葉は何より自分を傷つけることを忘れないでくださいね。

1 いつもの言葉をフェアリー波動に変える

「頑張ります」「すみません」は「楽しみます」「ありがとう」に

「頑張ります！」という言葉、一見ポジティブでとても良いのですが、その奥側には、「今の私ではダメなので、もっと頑張れ！」と自分を卑下し、罪悪感や劣等感のエネルギーが含まれている場合が多いのです。

頑張るという言葉は、自分に鞭を打ち無理やり辛い思いをさせる、そうなるとさらに自分をいじめてしまうことになります。

あなたがもしも、「頑張ります！」と口グセのようによく言ってしまうなら、今度からは意識をして**「楽しみます！」**に変えていってください。

この言葉は、フェアリー波動。そこにはリラックスしていて、それ自体を楽しむことにより完璧な結果を残すといった波動があります。

そう、頑張るのは無理をするという要素が強いのに対して、楽しんでやるとい

うことは最高のパフォーマンスにつながります。そして、最善の結果をもたらすのです（でもでも、会社などで「楽しみます！」と言って上司に「不真面目だ！」と怒られてしまいそうなときは、心の中で自分に言ってあげましょうね）。

また、次に多いのが「すみません」と言ってしまう人。

このタイプの人は謙遜という日本人の美しいこころを持っている人で、「自分が悪いのですみません」という前提があっての「すみません」です。

お店に行って、店員さんに声をかけるときも「すみません」。これは、「お手間をとらせてすみません」というお気持ちがあるのでしょうが、使い過ぎてしまうといつも自分が悪い、罪悪感のエネルギーが高まっていってしまいます。

今日から「すみません」と言いそうになったら、他の言葉に置き換えられるかどうか要確認。

店員さんに来てほしいなら「お願いします」でもいいですね。

お手間をとらせてすみませんと言いたい場面では、**「ありがとう」**です！

フェアリーの口グセ

波動が高いフェアリーの口グセってどんなものでしょう？

実際、フェアリーは人間の言葉を話すわけではなく、エネルギーで会話をしています。

私はフェアリー・メッセンジャーとして、フェアリーの言葉をいつも皆様へとお届けしているのですが、それはすべて波動として私に伝わってきます。それらをご紹介しますね。

このようにすべてがポジティブで、聞いているだけで楽しい気持ちになってきます。フェアリーからは一度もネガティブな言葉を聞いたことがありません。

あなたもこれからフェアリーの口グセであるフェアリーワードを発してください。それによりフェアリー波動へと近づいていきます。

2 魔法の言葉を使ったセルフヒーリング

では、フェアリーから教えてもらった魔法の言葉を使ったセルフヒーリングをあなたにプレゼントしますね。

魔法の言葉により潜在意識を書き換える

あなたがまだ幼く、「不要なエネルギー」がなかった頃、周りの大人たちがいつもあなたに言っていた言葉はありますか？

たとえば、「うちはお金がないんだから」「貧乏だから買えないよ」と言うお母さんの言葉をシャワーのように浴び続けるうちに、この言葉があなたの潜在意識に浸透していきます。

いつしかあなたの中に、

「私はいつもお金に困っている」

「私は貧乏だ」

という強い刷り込みが生まれます。

言葉はエネルギーだとお伝えした通り、このようにとても強い魔力を持っていてその人の人生さえも変えてしまうのです。

でも大丈夫。このメカニズムを利用して、今度はあなたが意図的に思い込みを書き換えるワークをしましょう。

今度は、あなたがあなたに向かって毎日まいにち新しい**言葉のシャワー**をかけてあげるのです。

刷り込みを書き換えるのは難しそうですが、実は自分一人で簡単にできます。

鏡に向かい、鏡に映ったあなたの瞳の奥を見つめながら、何度か**深呼吸**をします。気持ちが落ち着くまで、何度でも行いましょう。

そして、魔法の言葉を唱えます。

「私は豊かです。

私は十分なお金を得る人です。

私は経済的に豊かな人生を送る人です。
私は経済的に恵まれて当然です」

これらの言葉を、あなたの奥の方へと響かせましょう。

（このワークは、「私は愛されています」「私は素晴らしい」など、ケースバイケースであなたが自由に変えていってください）


ポイントは**たっぷりと時間をかけて、何度もたくさんの量の言葉のシャワーをあなたにかけてあげること**。

刷り込みは、長い時間をかけて少しずつ出来上がっていくものだから、書き換えるのにも時間がかかるのです。でも、焦らずに毎日まいにちあなたがあなたにそう言ってあげること。少しずつ「私は貧乏だ」という思い込みが「私は豊かだ」という思い込みに変わっていきます。

続けるために、鏡を見たら言葉のシャワーをかける、などと決めて習慣化することをオススメします。

歯磨きのとき、髪をブローするとき、メイクのとき、通勤電車の窓ガラスに映ったあなたにも言ってあげましょう。

リラックス深呼吸のススメ

ちなみに、おすすめの深呼吸のやり方もご紹介しますね。

お腹に6割くらい空気の入った風船が入っていることをイメージし、その風船がぺしゃんこになるまで8〜10秒かけてすぼめた口から息を吐きます。もうこれ以上吐けない、となったら、今度は鼻から息を吸います。このときも8〜10秒かけて、今度はお腹の風船をゆっくり膨らませてあげるイメージで。

この呼吸法はリラックスしたいときにいつでも行ってくださいね。もちろん、苦しかったら無理は禁物ですよ。

3 他人からのネガティブなエネルギーを撃退する

誰かにネガティブな言葉を言われてカチンときたり、悲しくなったりしたとき、あなたのエネルギーはぐちゃぐちゃに乱れた状態になっています。

そんなときは、すぐにケアしましょう。**不要なエネルギーが出来上がる前、なるべく早めがオススメ**です。

まずその場を離れて一人になりましょう。何度か深呼吸をしたら、自分をやさしくハグして魔法の言葉を言ってあげます。

「あなたは素晴らしい
あなたは素晴らしいよ」

「誰がなんと言おうが、
あの人がなんと言ったとしてもあなたは素晴らしいよ」

「大丈夫」

「あなたを愛しているよ」

この言葉を繰り返し、少しの間続けてください。だんだん元のニュートラルな状態に戻っていき、先ほど受けた他人のネガティブなエネルギーを浄化することができます。

4 暮らしに笑いを取り入れる!

フェアリー波動に近づくとても簡単な方法は「笑うこと」。フェアリーはいつも笑っていますから。

いつ見ても笑える漫画や映画、漫才の動画などをレスキューツールとしてリストアップしておくといいですね。

本当は深刻なときほど笑えたら、波動が一瞬にして変わりネガティブな感情を溶かしてくれるのですが、なかなかそうはいきませんよね? そこで、**強制的に笑顔になれて波動が一気に上がる魔法の方法**を教えましょう。

★おばかダンス★

まずは、その名も「おばかダンス」。大真面目ですよ。

手足をバタバタ動かして、リズム感のない下手なダンスを踊るだけです。子どものお遊戯会のようなイメージです。

お尻を軽く突き出して、手で「お尻ポンポン」と叩いてリズムをとるといいですね。

思わず吹き出してしまったら、笑いのエネルギーをキャッチできた印。「あはは」と声を出して笑ってください。

真面目さをなくして「こどもごころ」を全開にするのがコツですが、難しく考えなくてＯＫ。とにかく思い切りふざけるほど効果抜群です。

★ひとりにらめっこミラーワーク★

笑顔になれる方法としてもうひとつ、ひとりにらめっこもおすすめです。

鏡の中の自分とにらめっこするだけですが、思いっきり変な顔をするのがポイントです。表情筋も鍛えられて一石二鳥！

笑いがこみ上げてきたら勝ちです。

もう少しお上品なものなら、鏡の前で姿勢を正し、胸を開いて「ニコッ」と笑顔を作るだけでもいいですよ。姿勢が悪いとネガティブになりがちなので、シャキッと背筋を伸ばすだけで気持ちも上がるものです。

5 癒す食事をする

直接私たちの体に作用するものについても、少しお話をしていきましょう。

それは「食べ物」です。

物はすべて振動していて波動がありますので、もちろん食べ物も振動していて、それぞれ特有のエネルギーがあります。

私たちは日々の食事をすることで、口からエネルギーを取り入れています。口から入ってきたエネルギーは私たちのエネルギーの一部を形成していくことになります。

ならば波動が上がっていく食べ物を取り込みたいですね。

フェアリーが私たちに教えてくれるのは、「フェアリー波動」になるための食べ物。それはつまり「癒す食事」です。

フェアリーがオススメの食物

★母なる大地のエネルギーを含む根菜類★

根菜類は母なる大地のエネルギーをしっかりと吸収していますので、それらを口にするとグラウンディング（後述）ができてゆき、エネルギーがしっかりと安定してくる、冷静な判断を下す、人に影響されないエネルギーをつくるなどをサポートしてくれます。

★太陽のエネルギーを含む野菜類、フルーツ類、ナッツ類★

太陽の日差しをたっぷりと浴びて成長する野菜たち、フルーツやナッツ、これらの中にはポジティブな太陽エネルギーがふんだんに含まれています。

★水のエネルギー　波動が高い清水で育った作物★

水はその場のエネルギーを吸収するので清水があるところは波動が高いところ、そこで作られた作物は非常に高い波動を宿しています。たとえば、わさびは清らかな水があるところでないと育ちません。せりも非常に繊細な野菜で、清ら

かな水で作られます。

★薬となるもの　大根、ミョウガ、生姜やハーブなど★

大根、ミョウガ、生姜やハーブなど、古くから私たちの暮らしの中で消化・吸収、または体を温めるなど、薬として使われていた野菜たち。

栄養バランスをとることは当然ですが、加えてこれらのものを意識して摂取することで、癒す食事となります。あなたのエネルギー体の中に食物の持つ良質のエネルギーが入ってゆくからです。

ただし、大切なのは鮮度。鮮度でエネルギーの濃度が変わっていきます。良いエネルギーがたくさんあるフレッシュなうちにいただきましょう。

フェアリー波動になる生活習慣

あるクライアントさんは、地方から東京に出てきて一人暮らしを長年されていました。物事をポジティブに捉えることができなくて、モヤモヤした気持ちのときが多いということ。ベッドに入っても眠れないことも多く、疲れもたまり、悲観的になったり、辛い気持ちになったりしてしまうことが度々あるのでなんとかしたいし、いつも幸せな心持ちで過ごしたいと思っていました。

フェアリーが、その方の体の中で栄養バランスが偏っていると教えてくれましたので、私は毎日の食生活のことをお尋ねしました。彼女は仕事も忙しく帰りも遅いのでだいたいコンビニのお弁当、お菓子など、野菜はほとんど摂っていないといいます。

そこで、前述のフェアリー波動になる「癒す食事」についてお伝えしました。さらに、できるだけ食事の時間を大切にしてほしいことをお伝えしました。

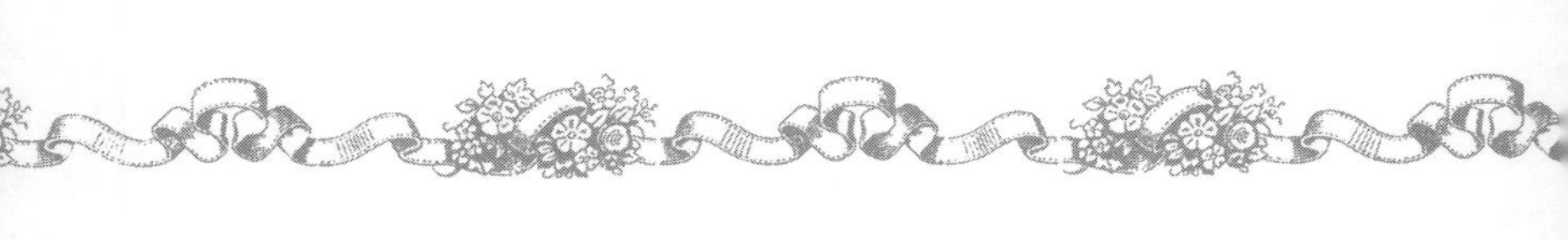

食事は私たちの命を維持するためになくてはならないものですが、忙しい現代人はただお腹を満たすためにあわただしく食事を済ませてしまうときも多々あります。

その食べ物からエネルギーをいただくのですから、感謝の気持ちを持ちましょう。たとえば野菜ひとつにしても、食卓に並ぶまでには、大切に育ててくれた農家の方々、運搬してくれた方々、スーパーなどのお店の方々と、たくさんの方が関わっています。すべての方へ感謝の気持ちを捧げましょう。

私たちに備わっている五感をフルに活用して食材一つひとつを味わっていただくことは、あなたをフェアリー波動に近づけます。

また、「いただきます」という魔法の言葉は、エネルギーをいただくということです。同時にすべてに感謝をするというお気持ちで発してください。

食事のほかにも、「朝起きたらお部屋に日光を入れること」と、「おばかダンスをすること」をそのクライアントさんにおすすめしました。

ハッピーホルモンとも言われる「セロトニン」をご存知でしょうか？　リラックスしているときや、幸せを感じているときに出る脳内物質のことなのですが、

このセロトニンを増やすことがフェアリー波動に近づくためのひとつのヒントだと思っています。

セロトニンを増やすには、太陽の光を浴びることや、リズミカルな軽い運動が効果的とされています。リズミカルな運動なら、おばかダンスがぴったりです。

朝日を浴びると、体内時計が正常になると言われます。

クライアントさんはよく眠れないということでしたので、生活のリズムを整えるためにもよいと思ったのです。

バランスのよい食事を感謝しながらとり、太陽に合わせて起きて眠る。

当たり前のことのようですが、これって自然の摂理に従って生きるということなのです。フェアリーは私たちが自然に沿って生きることで幸せになれると教えてくれているようです。

お肉の摂取について

最近では、ベジタリアンという言葉も一般的となってきています。私は牛、豚、鶏肉、その他の肉類は一切食べることができません。食べ物のエネルギーを見ていったとき、それらのエネルギーには辛くて苦しいエネルギーがあるからです。それはおそらく豚くんがスーパーの豚肉売り場に並べられる前に体験した、恐ろしくて怖い、苦しいという感情があるから……。

哺乳類は、お母さんと愛の交流をしながらお腹の中で育ち、たっぷりの愛情を得て生まれてきます。それは私たち人間と全く同じ。生まれてからもお母さんのお乳を飲んですくすくと育ちます。そんな中で愛という体験をし、感情が形成されてゆきます。

鳥類もそうです。卵として生まれてきますが、その卵は大切に愛情を込めて温められ、やがて誕生したら、親のくちばしからたくさんの愛と食料をもらいます。

感情の起伏

哺乳類
鳥類

魚介類

植物
野菜　フルーツ
ナッツ　キノコ

波動が下がっているものを食べることにより、その人の波動は一時的に下がってしまいます。そのエネルギーに占領されてしまうのですね。

栄養的にお肉類を食べないといけないという考えもありますが、たんぱく質は大豆やお魚などからも摂れます。

だからといって「今日からお肉を食べるのをやめてください」とフェアリーは言いません。食べるものはあなたの自由な意思で決めることだからです。私がそうだったように、エネルギー的に受け付けなくなるようになったら自然にそうすればいいと言います。

クリスタル・ヒーリング

自然界の守護者であるフェアリーはクリスタルと密接につながっています。
クリスタルは地球が何千年もかけて作り上げた超自然物で、フェアリーのように高波動のエネルギーを持っています。その神秘を知る古代のシャーマンたちも儀式に使ってきました。
実はクリスタルにも一つひとつにフェアリーが宿っており、クリスタルのエネルギーと人間とを結び付けてくれます。

クリスタルは私たちの「不要なエネルギー」を癒し、本来のマジカルチャイルドのような純粋な姿へと導き、サポートをし、時にはティーチャーとなり教えてくれるのです。
クリスタルを身に着けやすい形に加工したものがパワーストーンブレスレット

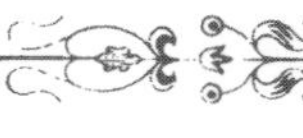

です。癒しの手助けをしてくれるので、是非ご自身に合ったものを手に入れてみてください。

ここでは、パワーストーンブレスレットの活用方法をお伝えします。

パワーストーンブレスレットのワーク

1 お天気の良い昼間に浄化（P.125参照）が済んだブレスレットを左手の平にのせて、太陽の光をブレスレットにしっかりと当ててあげます。太陽の光がブレスレットのクリスタルと同調し、光線となります（光線を感じられなくても可）。

2 ではここでクリスタル・フェアリーを呼び寄せましょう。

3 瞳をゆっくりと閉じてください。

4 一度だけ深呼吸をします。鼻から息を吸い込んで、口からすーっとゆっくり吐いてゆきます。

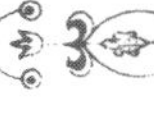

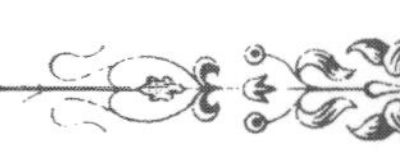

5 気持ちが落ち着いてきたら、このように唱えてください。

「クリスタル・フェアリーどうぞここへ来てください。あなたの純粋な光でこの（手に乗せている）私のブレスレットのクリスタルと私をつなげてください」

6 そのままゆったりとした深呼吸を続けながら、1分ほど待ちます。

7 瞳を開いてください。

8 クリスタル・フェアリーに「ありがとう！」とお礼を言ってください。

これで、あなたのブレスレットの中に、あなたのエネルギーが刻印されました。つまり、あなたとブレスレットがリンクされたのです。これからは、着用するだけでブレスレットがあなたを導き、癒し、サポートしてくれます。

このワークはあなたがこれまで用いていたパワーストーンブレスレットも、これから新しく出会うパワーストーンブレスレットいずれにも活用できます。

また、置き石やクリスタルを使ったネックレス、アンクレット、ペンダント……

etc.。なんにでも活用できます。

また、知っておきたいのが浄化法。3つお教えしますね。

3つの浄化方法

1 ホワイトセージの煙で浄化。

2 シダーチップでクリスタルを置くベッドをつくってあげ、その中に一晩寝かせる（これにより、ほぼすべてのクリスタルは「不要なエネルギー」を浄化し、本来持っているパワーを活性化します）。

3 土の中に一晩寝かせる。お庭などがある方は、土の中に一晩寝かせてあげてください。大地が浄化をし、活性化してくれます。

※一番簡単なシダーチップでの浄化がオススメです。

フェアリー波動が凝縮されたフラワーエッセンス

フラワーエッセンスとはお花そのものは使わず、花のエネルギー（波動）だけを清水に転写して作られる液のこと。超自然のパワーですから、人工的な化学薬品とは違って、やさしいのが特徴です。

摂取することで、感情やエネルギーを癒してくれます。フラワーエッセンスの波動は花に宿るフラワー・フェアリーの波動そのもの。不要なエネルギーを浄化するのにも最適です。

古代エジプトやオーストラリアの先住民アボリジニたちは、昔からこの大自然の癒しを活用していたと記録されています。近代では、二十世紀初頭に、イギリスのホメオパシー医師として有名だったエドワード・バッチ博士が様々な研究の結果、今のフラワーエッセンスとして完成させ、「バッチ・フラワーレメディ」として世界中にその癒しが広がってゆきました。

フラワーエッセンスの作られ方

フラワーエッセンスのもっとも一般的な作られ方をご紹介します。

お花が最高のエネルギーを放射している時期（美しく咲いているとき）の、とてもよく晴れた美しい早朝に、クリスタルのボウルに清らかなお水を汲み、その中にそっとお花を摘み入れ、太陽の光を3～4時間程注ぎ込みます。これによりお花の波動をお水に転写させます。そうやってできるのがフラワーエッセンスです。フェアリー波動と太陽の恵みと清水のすべてが見事に融合されています。

フラワーエッセンスの使い方はさまざまですが、一番ポピュラーなのはお口をあけて舌下に5～7滴ほど垂らして摂取する方法です。このとき、お口からフェアリーのヒーリング・エネルギーが入り、その人の体やオーラをふんわりと震わせます。直接肉体に作用するのではなく、感情、精神、エネルギーなど目には見えないものに作用してゆき、エネルギーの滞りや不具合が正常に戻ってゆくように働きかけてくれます。

フラワーエッセンスの使用方法は、まず自分が抱えている感情を知り、それにあったフラワーエッセンスを選びます。ではまずはあなたの本当の感情を見ていきましょう。

フラワーエッセンスを選ぶためのワーク

1 誰もいないゆったりとくつろげる場所で、いちばん楽な姿勢をとります。

2 ゆっくりと瞳を閉じて、深呼吸を数回繰り返します。鼻からゆっくりと息を吸い込んで、口からゆっくりと吐いてゆきます。

3 フラワー・フェアリーに、「今私がリラックスできるように見守ってください」とこころの中でお願いします。

4 リラックスが広がってきたらそっと、自分が今どんな風に感じているかに意識を向けます。たとえば、明日のプレゼンに対して不安や恐れを感じている、自分に対して劣等感や罪悪感を抱いている。自分がやりたいことが見つからなくて焦っている……。などなど。

5 あなたが感じるあなたの感情に対して、ジャッジはしないで、そのまま受け入れてあげてください。

6 フェアリーに「見守ってくれてありがとう」と言って、ゆっくりと瞳を開き終わります。

7 今のあなたの感情がわかったら、それに見合った効能があるフラワーエッセンスを選んでみてください。

癒しが大好きなフラワー・フェアリーたちと簡単にセルフヒーリングを行えるフラワーエッセンス。あなたのライフスタイルの中にもどうぞ取り入れてみてください。

Chapter 4

光を探すゲーム

フェアリーと出会う楽しい習慣

Ｃｈａｐｔｅｒ３で、日常の中でカンタンにできるセルフヒーリングの方法をご紹介しました。

ここまででかなり浄化がすすんでいますが、実はもっとパワフルに浄化を促すエネルギー・ワークがあるのです。そちらはＣｈａｐｔｅｒ５でご紹介するとして、その前にひとつ大切なことをお伝えさせてください。

せっかくヒーリングしても、不要なエネルギーは新たに生まれてしまいます。そのときはまた浄化すればよいのですが、それではいたちごっこですよね。

そのため、セルフヒーリングと並行して行っていただきたいのが、不要なエネルギーを作らないための習慣作りです。

そこで、ポジティブ１００％のフェアリー思考をあなたの中に落とし込む「光を探すゲーム」をご紹介します。

セルフヒーリングと光を探すゲームは表裏一体。どちらも同じくらい大切です。初級、中級編に慣れてきたらＣｈａｐｔｅｒ５の上級編にもトライ。それと並行して光を探すゲームも続けてみてください。

「やることが多くて大変そうだなぁ……」と思いましたか？

いえいえ、どれも日常生活に無理なく取り入れていただけるものばかりなので大丈夫です。あなたのペースでゆっくりやっていってくだされば OK です。

なにより、基本は楽しむこと！　深刻さを手放して、子どものように「ゲーム感覚」でやりましょう。

本章ではあなたのフェアリーと再会する方法もご紹介しますので、是非その子の助けを借りてくださいね。

人生を楽しむコツは〝光〟を見ること

人生を楽しむコツ、それは「常に光を見る」ただそれだけです。

光を見るとは、物事の良い面を見るということです。

人生を楽しんでいる人は光を見る達人。

人生の選択も「こうなったら素敵だな」「楽しいだろうな」と、喜びから選び取っていくことができます。

反対に、**人生ってつまらないと感じる人は影の部分を見てしまう**人です。物事を選ぶときも「こうなったら怖いな」と恐れから選択したり、自分が何が好きかがよくわからなくて、親や周りの人が喜ぶことをとりあえず選びがち。

両者の違いが生まれる理由はなんだと思いますか？

多くの場合、親の育て方が原因なのです。

影を見てしまう人、通称・影さんの親は「そんなことしちゃダメでしょ」「これをやりなさい」といろいろ制限をかけて育てました。

光を見る人、通称・光さんの親は「あなたの自由に生きなさい」と幼い頃から光さんの気持ちを何より優先するよう育てました。

「何て不公平なの！　それなら私の人生、生まれたときから決まっていたってことじゃない。今さら幸せになるなんて無理な話……」

いいえ、そんなことは絶対にありません。

信じられないかもしれませんが、私自身が影さんでした。でも、光を探すことを知って変われました。それも大人になってからです。

大人になったら価値観なんて変わらないと思いますか？

大丈夫、絶対に変えることができます。

その方法をじっくりお伝えしていきますね。

ここでひとつ大切なことは、影さんの両親は決して悪い親ではないということです。

現代社会では、よい大学に入って、よい企業に勤める安定路線が幸せだとされてきました。特にいまの40代50代はとりわけそういう方が多いかもしれません。子どもの数も減っていますし、一人の子どもをより過保護に育てるようになっているのではないでしょうか。

影さんのご両親も誰よりも我が子に幸せになってほしいから、先回りして「あれはダメ」「これは危ない」と締め付けることで不幸を回避してほしかったのです。それは愛情以外の何物でもありません。

そんな両親を悲しませないようにいい子でいたあなたは優しい人です。これからは自分の選択を信じて幸せで楽しい人生を選び取っていきましょう。何歳からでも決して遅くはありません。

光を探すゲーム

今、手元に何か小物がありますか？　スマートフォンでも、ボールペンでも、口紅でもなんでも構いませんが、それを置いて、30センチくらいの距離を保ったまま様々な角度から眺めてみてください。

光が当たっている箇所、影になっている箇所がありますよね？

もしそのモノを絵に描くとしたら、どの角度を切り取りたいですか？　適度に光が当たっていてきれいだな、この位置がいちばんいいなと思うところを探してみてください。

見つかりましたね。

ここでは小物でたとえましたが、世の中のあらゆる事象にも素敵な光の面と、いまいちな影の面があります。

苦手だなと思う上司にも、必ずいいところがあるし、嫌いだなと思う仕事にも必ず面白さやためになるところがあったりします。

「光を探すゲーム」は、そんな日常のあらゆること、物、人の光の面を発見するゲームなのです。

「なんで〝ゲーム〟なの？」と尋ねると、フェアリーは教えてくれました。

「光を探さなきゃ、頑張って見つけなきゃ、じゃなくて、楽しいからやるんだよ。だからゲームなんだよ」って。

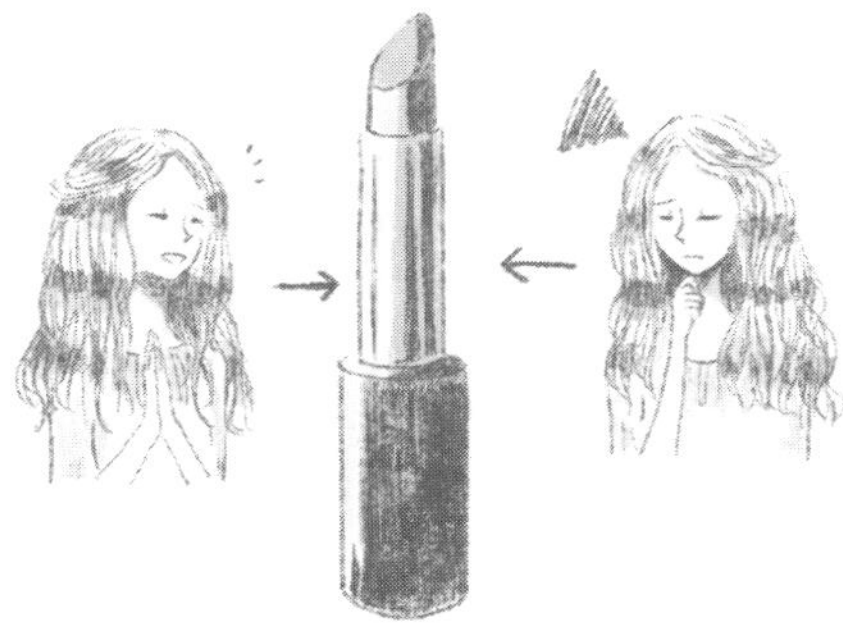

つい影の部分ばかり見てしまうのは、長年しみついた単なる思考のクセだから気にしなくていいんです。最初は自然に光を見るなんてできなくて当たり前。だから心の中で「光を探すゲーム、スタート！」と、あえて宣言してから探し始めるようにしてください。これを何度も繰り返すうちに、光を探すのがクセになり、いつの間にか、この世は素敵なことや、素敵な人ばかりになっています。

フェアリー・ライト・ノートの作り方

次はとっておきの魔法、ノートを使って光を探すゲームをお教えしますね。名付けて「光を探すノート術」です。

楽しいうえに効果は抜群！　私のワークショップでもみんな楽しみながら、しっかり光を見つけられています。

やり方は簡単で、フェアリーとＬＩＮＥなどのチャットアプリでおしゃべりするように、あなたの頭の中をノートにアウトプットしていくだけ。

ただ、自分の思考を文字にするのって、ちょっと難しいと思いませんか？

特に、自分に自信が持てない方は、「こんなこと書いたら変かな？　これって本当に私が思ってること？」と手が止まってしまうと思います。

そこでフェアリーの出番です！　このワークはフェアリーがあなたのお手伝いをしてくれるので、不思議とすらすら書けてしまいます。

用意するもの

B5かA4サイズぐらいのお気に入りのノート、ペン（2色以上）、マスキングテープ。

このノート術のポイントは、「あそびごころ」をたくさん使うこと。ここで使うノートは何でもいいわけではなくて、あなたがかわいい！　素敵！　これ大好き！　と思うものを1冊見つけてください。

マスキングテープやペンなども使っているだけで楽しい、ワクワクするようなものを厳選してくださいね。

まずは、表紙をめくって最初のページに「フェアリー・ライト・ノート」と書きましょう。これであなた専用の「フェアリー・ライト・ノート」となりました。

次の見開きページを90度回転させて縦にします。

次に一番上の部分にお気に入りのマスキングテープを貼ります。

つづいてページのだいたい真ん中あたりに（見開きページごと）マスキングテープを貼って、ページを2分割して完成です。イラストで説明しますね。

1 ノートの1ページ目に
フェアリーライトノートと
書きます

2

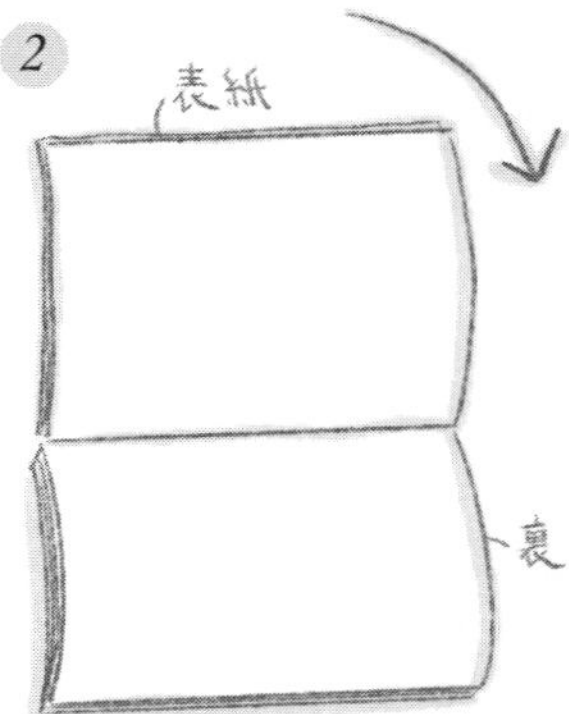

次ページを開き
表紙が上にくるように
反転させます

3 次のように
マスキングテープを貼ります

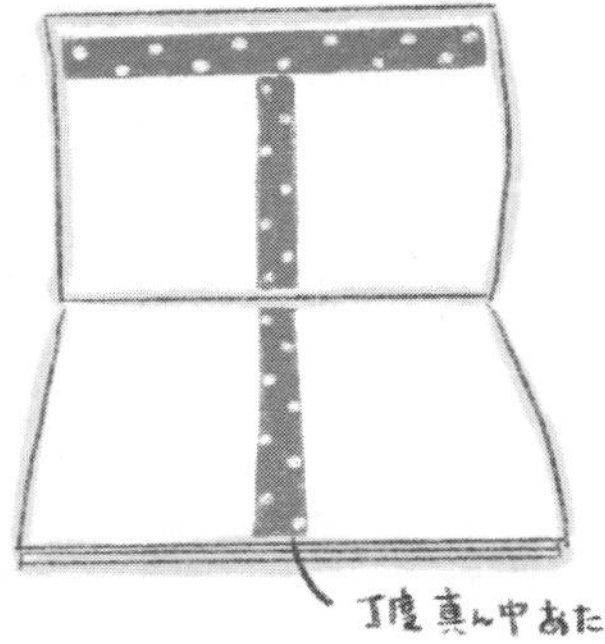

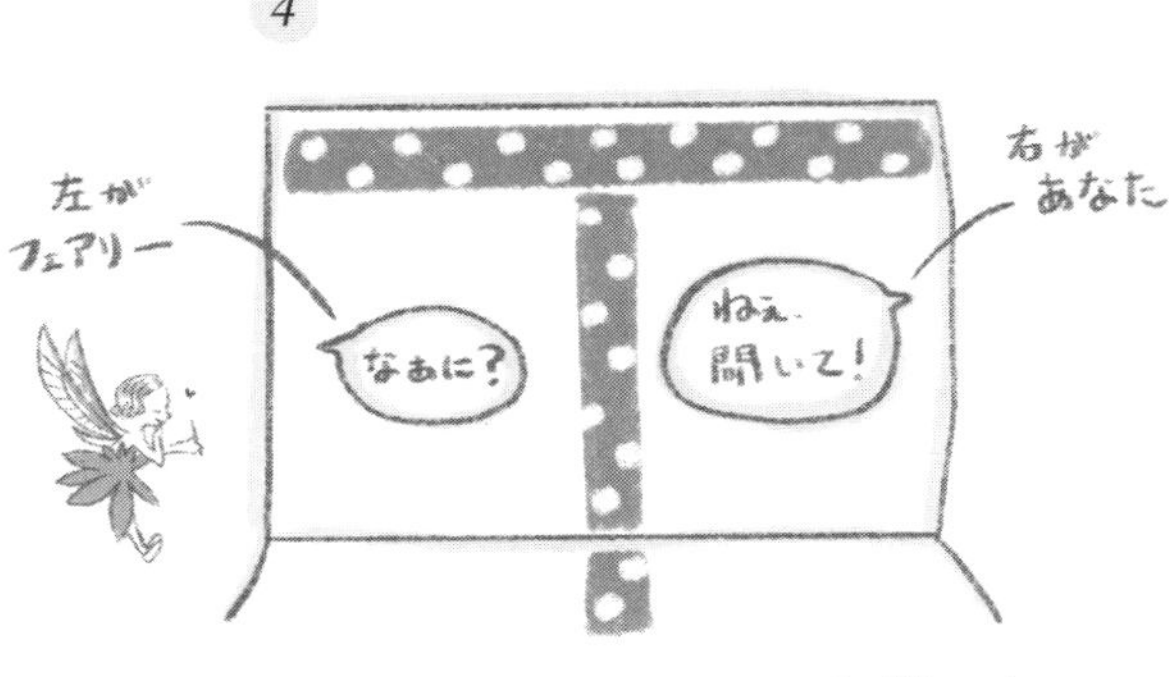

こんな風に使います

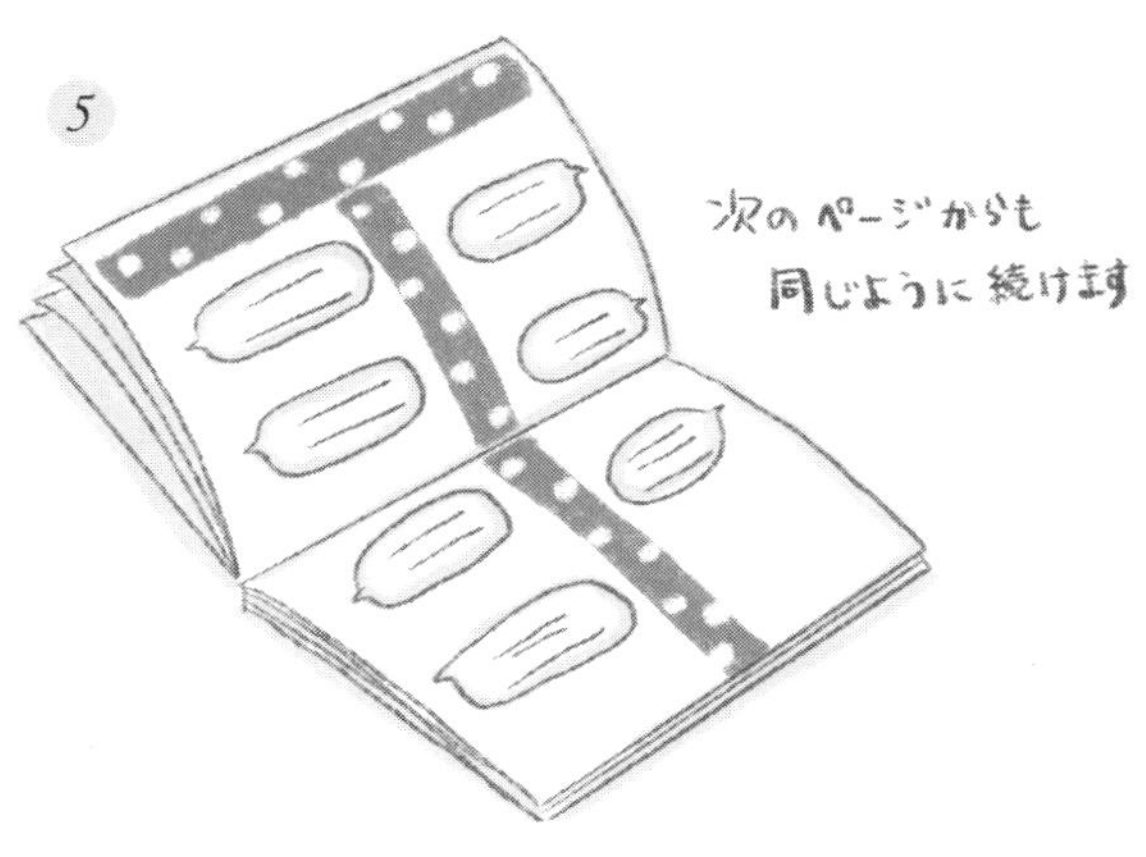

このノートをスマートフォンのチャットアプリの画面に見立てて、やり取りを記入していきます。

お相手は、「あなたのフェアリー」です。えっ！　私にもフェアリーがいるの？

もちろんです。

チャットをはじめる前に、まずはあなたのフェアリーに会いに行きましょう！

あなただけのフェアリーと出会う

ではここで、あなただけのフェアリーに会いに行きましょう。このワークはノートを書くたびに行う必要はなく、初めてのときだけで構いません（巻末に「あなただけのフェアリーと出会う」音声ファイルプレゼントをご用意しました）。

1 周りに人のいない静かな場所で椅子に座り、背筋を伸ばして、足の裏を床にぴったりとつけます。手のひらは上向きにして太もものうえに軽くのせ、ゆっくり目を閉じます。

2 鼻からゆっくりと息を吸い込み、口からゆっくりと吐いてゆきます。これを

2回繰り返します。

3 あなたはとても美しい森の中にいます。小鳥のさえずりが聞こえ、柔らかな光が降り注ぎ、そよ風が頬を撫でます。ここはフェアリーフォレスト。フェアリーたちの住む森です。あなたはそこで、とてもリラックスしています。

4 ではここであなたのフェアリーを呼びましょう。
「私のフェアリー、ここへ来て」

すぐに草を分けるような音がしたかと思えば、フェアリーが現れました。フェアリーにあいさつをしましょう。フェアリーも応えてくれます。

5 フェアリーに呼び名をつけて、その名前で呼んであげましょう。もし思いつかなければ、あなたがいちばん好きなお花の名前をつけてあげたらどうでしょう？「チューリップちゃん」「ユリちゃん」「ひまわりちゃん」とか……。その名前でフェアリーを呼び、「ずっとそばにいよう」と伝えましょう。フェアリーは喜んで了承してくれます。

6 ゆっくり目を開けます。

これで、あなたのフェアリーと、これからずっと一緒です。

フェアリーと出会ったとき、なんだか懐かしい感じがしましたか？　それもそのはず。だってその子はあなたがマジカルチャイルドだった頃、一緒に遊んだフェアリーなのですから。

うまく想像ができなかった、何も感じなかったという方も心配はいりません。フェアリーはしっかりあなたのそばに来てくれています。

いかがでしたか？　これであなただけのフェアリーがあなたをサポートしてくれます。では**「フェアリー・ライト・ノート」**でチャットをしていきましょう。

まずは次のようなシチュエーションを想定して、やり方をマスターしてしまいましょう。大丈夫、とっても簡単ですよ。

今日は日曜日、久しぶりのお休みです。あなたは前々からこの日はおでかけしようと友達と約束をしていました。ですが、朝起きると雨……。せっかくのおでかけなのに、あなたはがっかりしてしまいました。そして気持ちが滅入ってきます。いま、影の部分を見てしまっているのですが、ここから光を探していくレッスンLet's try！

では、次ページの図のようにあなたのフェアリーにチャットをします。

①
○○（あなたのフェアリーの名前）
聞いて！ 聞いて！

②
なあに？

③
今日は前から楽しみにしていた
おでかけだったのに、
こんな雨が降ってしまって、
悲しいよ〜

④
わーそうなんだ。
どんな風に悲しいの？
今どんな気分なの？

⑤
うん、せっかくのお休みで、
しかも今日は前々からとっても
楽しみにしていたおでかけなの。
こないだ買った白いスニーカーを
はいて行こうと思ってたんだよ。
なのに！ もう！ 私っていつもこう！
いつもついていないんだ！
きっと私は雨女なのよ！

⑥
雨の日のいいところって
どこだと思う？

⑦
植物が元気になる
ことかな・・・？

⑧
ナイス！

①2色以上のペンを用意して、まずは分割されたノートの右側にあなたのチャットを書きましょう。フェアリーは大親友ですから、気軽に「ねえねえ！　聞いてよ～」と話しかけてOK。是非、名前を呼んであげましょう。

②次に、別の色のペンでノートの左側にフェアリーの返事を書きます。最初は一人二役に戸惑うと思いますが、大切な友達からメッセージが届いたとイメージしながら「どうしたの？」「なあに～？」などと答えてください。

③もう一度最初のペンに持ち替えて、またノートの右側にあなたの主張を書きましょう。「おでかけ楽しみにしていたのに、雨で悲しいよ～！」「私っていつも運が悪いの」など、心に浮かぶままに思い切り書き出しましょう。長文でも、短いフレーズでもなんでもかまいません。この時点で結構すっきりする人もいます。

④もう一度フェアリーに戻ります。ペンを持ち替えて、ノートの左側にフェアリーからのお返事を書きます。ポイントは、フェアリーは決してネガティブ

なことは言わないということです。そして、光しか見ていないので、影を見てしまう人間を不思議に思っています。

「なんでそんなに悲しかったの？」とか、「今どういう気持ちかもっと教えて？」「雨ってどんなところが嫌なの？」と質問してくるかもしれません。

⑤あなたはフェアリーの質問に答えながら、何が嫌だったのか、どんなことがつらいのかを答えていきます。フェアリーはとてもやさしいので、あなたの言うことをすべて受け止めてくれます。

⑥あなたの中にある不快な気持ちをすべてアウトプット（書き出）したなら、フェアリーが「じゃあ、雨の日のいいところってどこだと思う？」と聞いてきます。そうです。いよいよここから光を探していくのです。

⑦あなたは雨の日のいいところをフェアリーに伝えてあげましょう。最初は無理やりでも構いませんので、必ずひとつはあげてみてくださいね。

たとえば、日焼けをしない、植物が元気になる、雨の日割引があるなどなん

でも構いません。

⑧フェアリーは「そうそう、上手だね」「ナイス！」などと褒めてくれます。

このようにフェアリーと一緒に、光の方へとフォーカスを向けてゆき、あなたの気持ちが軽く、楽になってきたら終了です。

基本のルール

「フェアリー・ライト・ノート」をやるときにはルールがあります。ここではその基本となるルールの幾つかを挙げていきます。

1 フェアリーのセリフチャットはネガティブな言葉が出てこない

フェアリーのエネルギーは、軽い、楽しい、喜び、愛、幸せ。このようにいつだってポジティブなのです。影や恐れや悩み……そんなネガティブな概念は持っていません。それを念頭において、「じゃ、もしもそんなフェアリーだったらど

んなチャットを送ってくれるかな?」とイメージしながらやってください。

2 今の気持ちを全部吐き出す

光を探す前に、あなたのモヤモヤした気持ちをぜ～んぶアウトプットするつもりで書き出していきます。フェアリーになりきって、「うんうん、それで?」とどんどんあなたの今そこにあるモヤモヤをぜ～んぶノートの紙面に吐き出して(書き出して)いってあげましょう。

これをすることで、かなりスッキリとしてきます。そして、頭が整理されてゆき、混乱から抜け出すことができます。そして、少しずつ影から光を見るように変化してゆきます。これは、自分の本当の気持ちや感情に蓋をしないでちゃんとそれを見てあげるということになります。このとき、どれほどブラックな部分の自分が出てきても気にしなくてOK。

それを許してあげるつもりでアウトプットしてゆきます。恐れなくて平気です。なぜなら、どれほどブラックな感情であっても、それは必ず、光へと変わってゆくから……。

3 はじめはどうでもいいことから

光を探すノート術のポイントは、難しい悩みから手をつけないことです。今いちばん悩んでいること、重い人間関係の悩み、たとえば「恋人と別れるかどうしようか」とか「上司が嫌いで転職しようか」といった人生を左右するようなものは後回しです。

そして、「今日の日替わり定食は好きなおかずじゃなかった」とか「週末の予定がなくて寂しい」といったライトな悩みからはじめましょう。

こういった小さな問題から楽しく習慣を重ねれば、あなたは「光を探すノートの達人」になっていきます。気が付けば、ノートがなくても光を探せるようになり、人生にも幸せな変化が訪れているはずです。

実を言うと、こうなってくるといちばん難しかったはずの悩みなんて忘れてしまう人がほとんどです。

4 どうしてもフェアリーのセリフが出てこないとか、光を探すことができない場合

OK。それでいいのですよ。そんなときは絶対に自分を責めないで、Chapter

3のセルフヒーリングへと戻ってください。まずは、自分を癒してゆきます。なぜなら、この場合あなたのオーラの中に「不要なエネルギー」がありすぎて、それに圧倒されてしまっているから。まずは不要なエネルギーを光に変えてあげましょう。それから光を探すゲームをやると、ポンポンと光のフェアリーのチャットが出てきます。

もしくは、チャットのテーマが難しいからかもしれません。まずは簡単なことから始めるようにして、「光を探す」という習慣を身につけてください。

5 自由さを最優先に

自由であることを忘れないでください。文字を書くのが苦手な人はイラストで表現してもいいのです。箇条書きでもいいです。あなたがわかるのであれば、なんでもOK。このノートは他の人が誰も見ることができないあなただけの秘密のノートなのですから、好きに作ってください。楽しんで！

6 続ける

どのくらい続ければ、光を探すことが上手になってくるのでしょう？　いつま

で続ければ？　いつになったら？　人はそんなことが気になるものですね。私の場合は、２～３年経った頃に、「あ、私どんな出来事でも瞬時に光を見るクセができたな～」と実感しました。

そんなに時間がかかるなら私には無理！　とどうかあきらめないでください。私が続けられた理由はこれをやればやるほど、毎日が楽しくなっていったからなのです。義務になってしまったら、苦痛ですからね。続けていれば、何らかの効果は実感できるはずですから、楽しんで続けてくださいね。

変化のきざし

「光を探すゲーム」や、「光を探すノート術」をある程度続けていくと、変化のきざしが出てきます。ここでは、体験者の声をご紹介しますね。

ノートを書いていくと、みるみる元気になってくるので面白くてはまっていま

す。この「フェアリー・ライト・ノート」は、フェアリーのマジカル・シンクロが起こったりするのでなんだか不思議なマジックがあるように感じます。

今までだったら人間関係で嫌な気分になることがとても多かったのですが、ノートをやるとその日はすごく楽になったのでびっくりしました。

前はむなしさというかネガティブな方に傾く自分がいたのですが、ちょっと捉え方が変わってきました。
目の前で起こる出来事もちょっとだけいいことが起こっている気がしています。本当に微妙だけれどもそれがわかってきました。

物事がスムーズにいかなくなったとき、これまでは欠けているものばかりをみていたが、もうすでに持っているものに気づくようになった。人々の思いやりだとか、もうすでにあるから大丈夫だという気持ちに気づくようになり少しずつ浄化されているようです。

ノートを続けていくと、書かなくてもすぐにフェアリーの光の思考がやってきて本当に少しずつだけど光を探すことができるようになってきています。

このように、毎日ベイビーステップで楽しく続けてゆくと、確実にあなたの中で素敵な変化が訪れます。あなたのフェアリーとご一緒に「あそびごころ」を満載にして楽しんでやっていってください。

最悪の中にも光はあります。あなたが光を探す限りそれは必ずありますよ。

よいことが次々起こりだす秘訣

光を探せるようになると、本当に素敵な出来事が次々起こるようになります。たとえば、飛行機が遅延したり、飛行機に預けておいた荷物が出てこなかったりしたら、普通は焦ったり不安になったりしますよね？　でも私はすぐさま光を探すことができます。

「これは素敵なことが起こるサインだわ！」と。そして実際にそうなるのです。

豪華なホテルを航空会社に用意してもらったり、または旅行保険がいい感じで適用されてもう一泊素敵な滞在を楽しめたり、その追加の一泊の間に素敵な出会いがあったり……。

こういうことはもうすぐあなたの身にも起きますから、どうか楽しみにしていてください。

Chapter 5

フェアリー波動を磨く エネルギー・ヒーリング

よりパワフルに浄化する方法

Chapter2でお話をした「不要なエネルギー」を光に変えていくのがフェアリー・ヒーリングです。

最近は〝引き寄せ〟ブームの影響もあってなのか、「いつもポジティブでいればよいことを引き寄せられる」とよく言われます。一方で、ネガティブなもの（不要なエネルギー）は悪者にされているように感じます。ネガティブでは何も引き寄せられないように思っていませんか？

あなたも自分の中の「不要なエネルギー」に蓋をしてきましたよね？　それをなかったことにしようと見て見ぬフリをしてきました。

でも、フェアリーはこのように言います。

「自分を隠そうとしないで。あなたが持つ感情というものを無視しないで、もっと大切にしてほしいの」

「〝不要なエネルギー〟は決して悪いものではないよ。人間は、感情を持っている。繊細な感情はこの地球上で人間だけに与えられた宝物」

嬉しいときは喜び、悲しいときは涙を流す。

これが自然の摂理。人間に与えられた宝物です。
ネガティブな感情を持つこと、そんな感情を抱いた自分を「イケナイ」と責めるのではなく、そんな感情たちも、自分自身もちゃんと受け入れてあげてください。

そもそも「不要なエネルギー」があるということは、あなたが人間界で一生懸命生きてきた証でもあるのですから。一生懸命生きて、傷ついた勲章。だから、責めるのではなく、むしろ大切にケアしてあげてほしいのです。

あなたに「魔法のクリーナー」を授けます！

「不要なエネルギー」はどうすればなくなっていくのでしょうか。
フェアリーはこんな風に教えてくれました。

「あなたのお部屋の隅っこに大きな埃の塊があったとするね。
あなたはその埃の塊をじ～っと見つめる。それがなくなるまでずっと。それはあんまり気持ちがよい行為ではないよね。埃の塊はお花のように見ていて気持ち

よいものではないから。見つめていればいるほど気分が悪くなってくる。じゃ、どうすればいいかな？

あなたならどうする？

そう、さっさとクリーナーでその埃を吸い取ってしまうよね。そうしないとそのうちまた新たな埃ができてしまって、どんどん大変になってしまう。

そうなる前に、その埃の塊が『そこにあるんだね～』ってちゃんと認識してあげて、それを見つけたらすぐにお掃除してあげよう」

埃を見つけたら
すぐにお掃除する

この、**魔法のクリーナーでおそうじすることを「浄化」と言います**。

さあ、あなたは今この瞬間、フェアリーから「魔法のクリーナー」を授かりました。

「私なんてダメだ」「ちゃんとしなきゃイケナイ」って感情がわいてきたら、まずはちゃんと見る、そして頭の中でクリーナーのスイッチをＯＮ！　さっと吸い取ってしまいましょう。

では、これからは具体的なスキル（セルフヒーリング）をお伝えしていきますね。

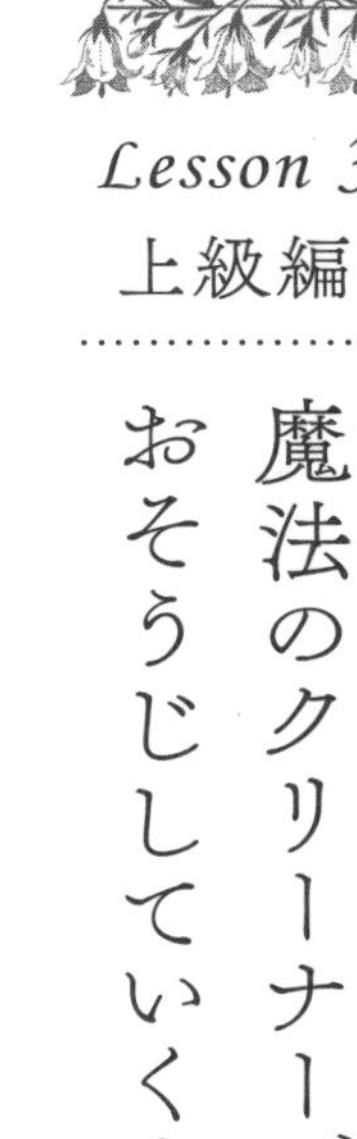

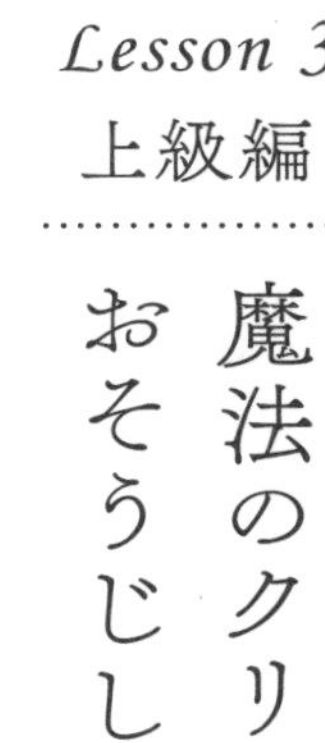

Lesson 3
上級編

魔法のクリーナーでおそうじしていく方法

ここからは、実際にあなたの中にひそんでいる「不要なエネルギー」に直接働きかけてゆくエネルギー・ヒーリング（魔法のクリーナーでのおそうじ）のお話です。

エネルギー・ヒーリング

これは、目には見えない波動やエネルギーなどをダイレクトに癒してゆく、「不要なエネルギー」を光のエネルギーに変えてゆく浄化のことです。

人は誰しもが、自分を癒す「治癒能力」を持っています。これからここでご紹介するものは、あなたが簡単に実践できるものばかりです。

まるで**小さな子どもが「おまじない」をして遊ぶように、楽しみながらやって**

いってください。

これまでフェアリーたちに教えてもらった「あそびごころ」と「こどもごころ」やはりここでもフル稼働です！

エネルギー・ヒーリングの基礎知識

波動についてはChapter2でも説明しましたが、もう少しだけエネルギーについてお話ししておきましょう。

私たちは何気なく、「あの人は優しい雰囲気の人」「あの人は冷たそうな雰囲気の人でとっつきにくい」などと言ったりします。この雰囲気の正体こそがエネルギー。このように**私たち人間は本能的にエネルギーを感じる能力を持っています。**

さらに、エネルギーは刻一刻と変化します。変化の源は感情です。

話さなくても、その人がイライラしていたり、悲しんでいたりするのってなんとなくわかってしまうことありませんか？　普段のその人の雰囲気、つまりエネルギーを知っているような近しい間柄ならなおさらです。

チャクラとオーラって？

チャクラというのは、サンスクリット語（古代インドの言葉）で「車輪」という意味合いを持ちます。これはなぜかというと、人のチャクラを透視して見てみると、それはまるで車輪がくるくると回っているように見えるからです。呼吸に合わせて空気が私たちの体に入って巡り、出ていくように、エネルギーもチャクラから出たり入ったりしています。

チャクラは私たちの中に無数にあるのですが、そんな中でも大きなチャクラが7つあります。

上から順番に、第7チャクラ、第6チャクラ、第5チャクラ、第4チャクラ、第3チャクラ、第2チャクラ、第1チャクラと言います。

それぞれのチャクラから出たり入ったりする私たちのエネルギーは体の周りをグルグルと取り囲み、オーラというエネルギーフィールドが作られます。

オーラをイメージするときは、体をすっぽり包む卵形を想像してみてください。

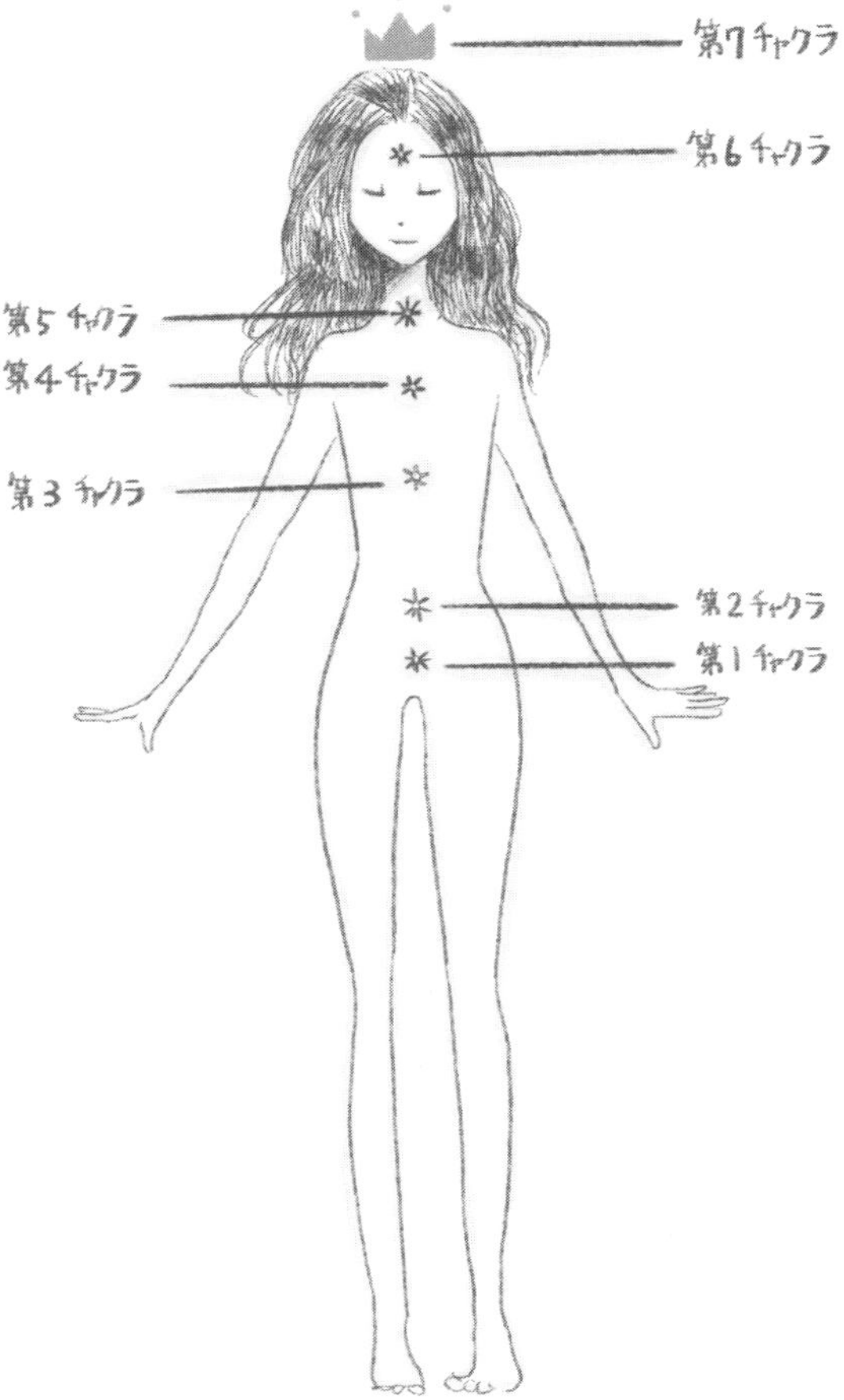

第7チャクラ

第6チャクラ

第5チャクラ

第4チャクラ

第3チャクラ

第2チャクラ

第1チャクラ

オーラの中に人の「不要なエネルギー」はあります。たった今できた不要なエネルギーから、潜在意識レベルに刷り込まれているコアなものまでさまざま。

本書でお伝えしているセルフヒーリングは、このオーラの中にある不要なエネルギーを浄化してゆくスキルです（魔法のクリーナーで吸い取っていくようなスキル）。では、フェアリーたちと共に、セルフヒーリングをやっていきましょう。

人の周りにある卵形がオーラを表しています。
オーラの中にある黒い塊が
「不要なエネルギー」です。

エネルギー・ワークとイメージについて

エネルギー・ヒーリングにおいて、とても大切なことをお話しします。

本書ではいくつかのエネルギー・ワークを掲載していますが、中にはイメージするのが苦手という方もたくさんいらっしゃると思います。

ただ、エネルギーはイメージするからできるものではなくて、その人が〈意図（決める）〉するからできあがっていきます。ですから、うまくイメージできなくても、ちゃんと「不要なエネルギーを癒すぞ」と意図していれば、エネルギーは癒され、浄化されますので安心してくださいね。

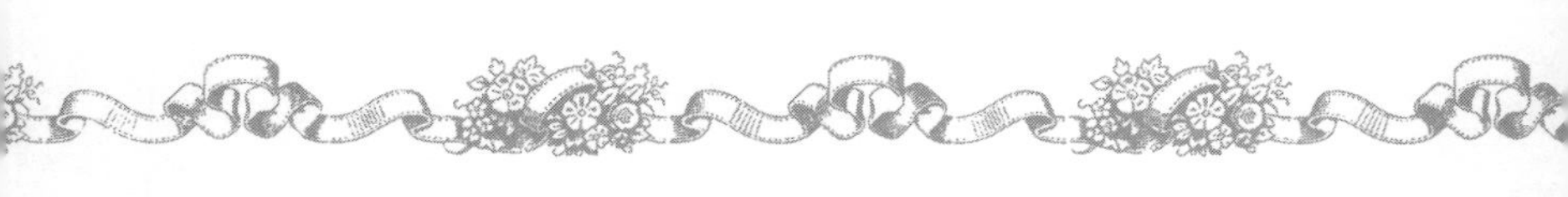

1 グラウンディング・ワーク

グラウンディングとは、私たちのエネルギーが、母なる大地としっかりとつながっている状態を言います。

人の言動に振り回されてしまう、自信がなくて自分の意見が持てない、小さなことに心が乱されてしまう……そういう方にこそ、グラウンディングはオススメです。

大地に深く根を張る大樹のように、ちょっとやそっとでは揺るがないしっかりとした自分軸を持った強いあなたになることができます。

また大きな母なる大地・地球とつながることにより安心感や安定感をいつも感じることができ、いたずらに不安になることもなくなるでしょう。さらに、このグラウンディングを使ったセルフヒーリングも併せてご紹介します。

癒しのフェアリーたち

上級編のエネルギーワークではあなたを癒してくれる2体のフェアリーたちが

登場します。P．45でもご紹介した、アース・フェアリーとヒーリング・フェアリーです。

フェアリー・グラウンディング・ワーク

1 座り心地のいい椅子に座り、軽く背筋を伸ばし、足の裏を地面にぴったりと付けて手はひざの上に置きます。瞳を閉じて、ゆったりとした呼吸を数回繰り返します。

2 第1チャクラの辺りから、ウエストの幅程の光の円柱をなんとなくイメージしてみましょう。これをグラウンディング・コードと呼びます。

3 ここで、大地のフェアリー（アース・フェアリー）を呼び、このようにお願いしましょう。「アースフェアリー、私のグラウンディング・コードを地球の中心につなげてください」

4 そう告げると、すぐさまアースフェアリーがやって来て、あなたのグラウンディング・コード（光の円柱）をしっかりと掴んで、「せ〜の」でグーンと下へ……。地球の中心めがけて一気に降りてゆきます。

5 30秒ほどでアース・フェアリーは、あなたのグラウンディング・コードをしっ

かりと地球の中心へとつなげてくれます。

6 その瞬間、あなたは肉体、意識、エネルギー共に、地球の中心としっかりとつながります。大きな母なる地球としっかりつながっている安定感、安心感を感じてください。

7 アース・フェアリーにお礼を言って終わります。瞳を開けてください。

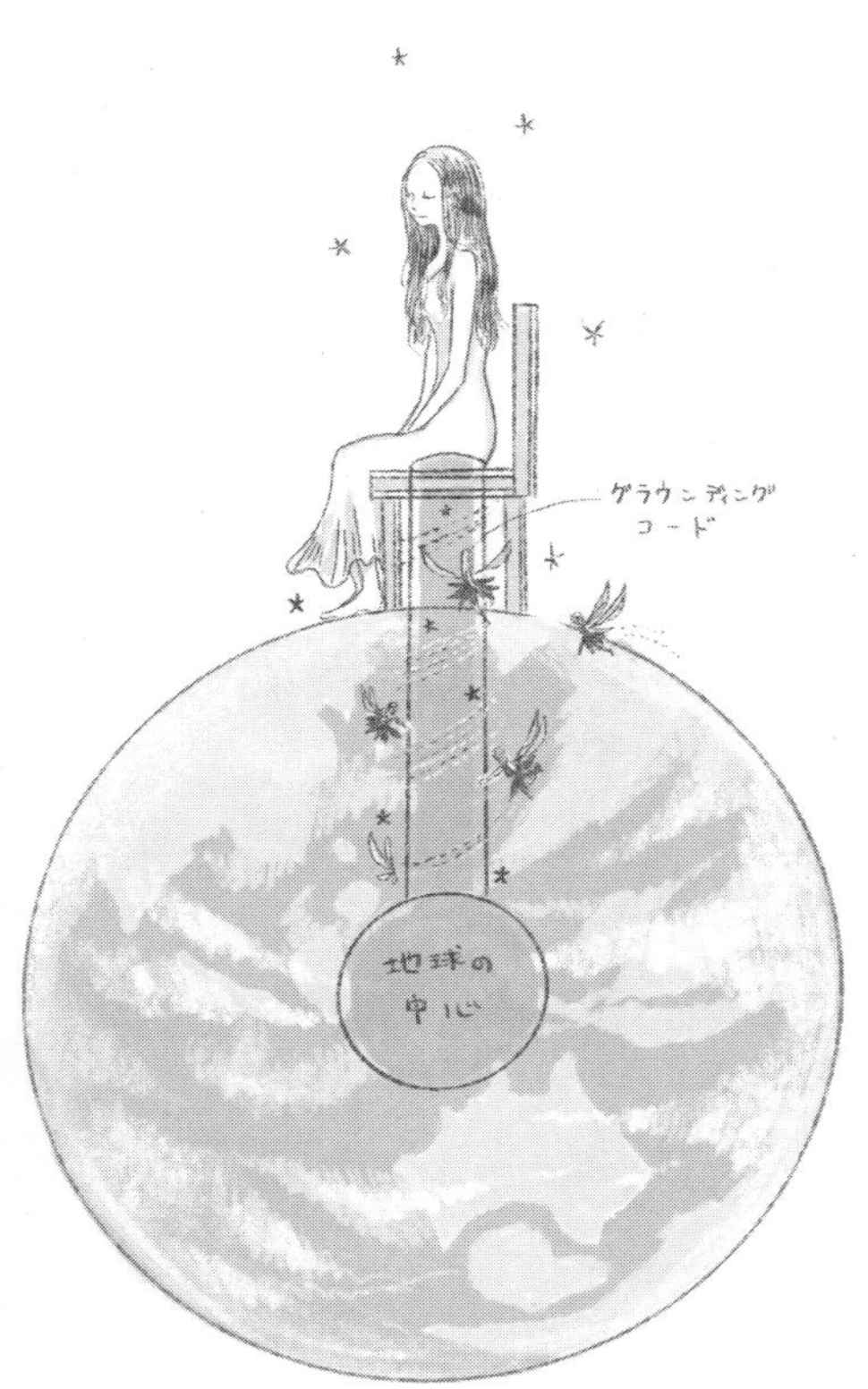

グラウンディング・コードを使ったセルフヒーリング（魔法のクリーナー①）

グラウンディング・コードを用いた、とても簡単な、どこでもできるセルフヒーリングをお伝えします。

1 あなたが日常生活の中でなにか憤りや不快感、悲しみ、その他のあまり歓迎されない感情（不要なエネルギー）を味わったとき、その感情をすかさず「グラウンディング・コードを通して大地に流す」と、意図してください。

2 あなたが送り出したそのエネルギーはあっという間に地球の中心部に到達します。地球の中心はとてつもなくポジティブなエネルギーが湧き出ているところですので、そこに流れていった不要なエネルギーは瞬時に無害化され、新しい黄金色の生命エネルギーとしてあなたのところへと戻ってきます。

次ページの図のようにアース・フェアリーが助けてくれます。

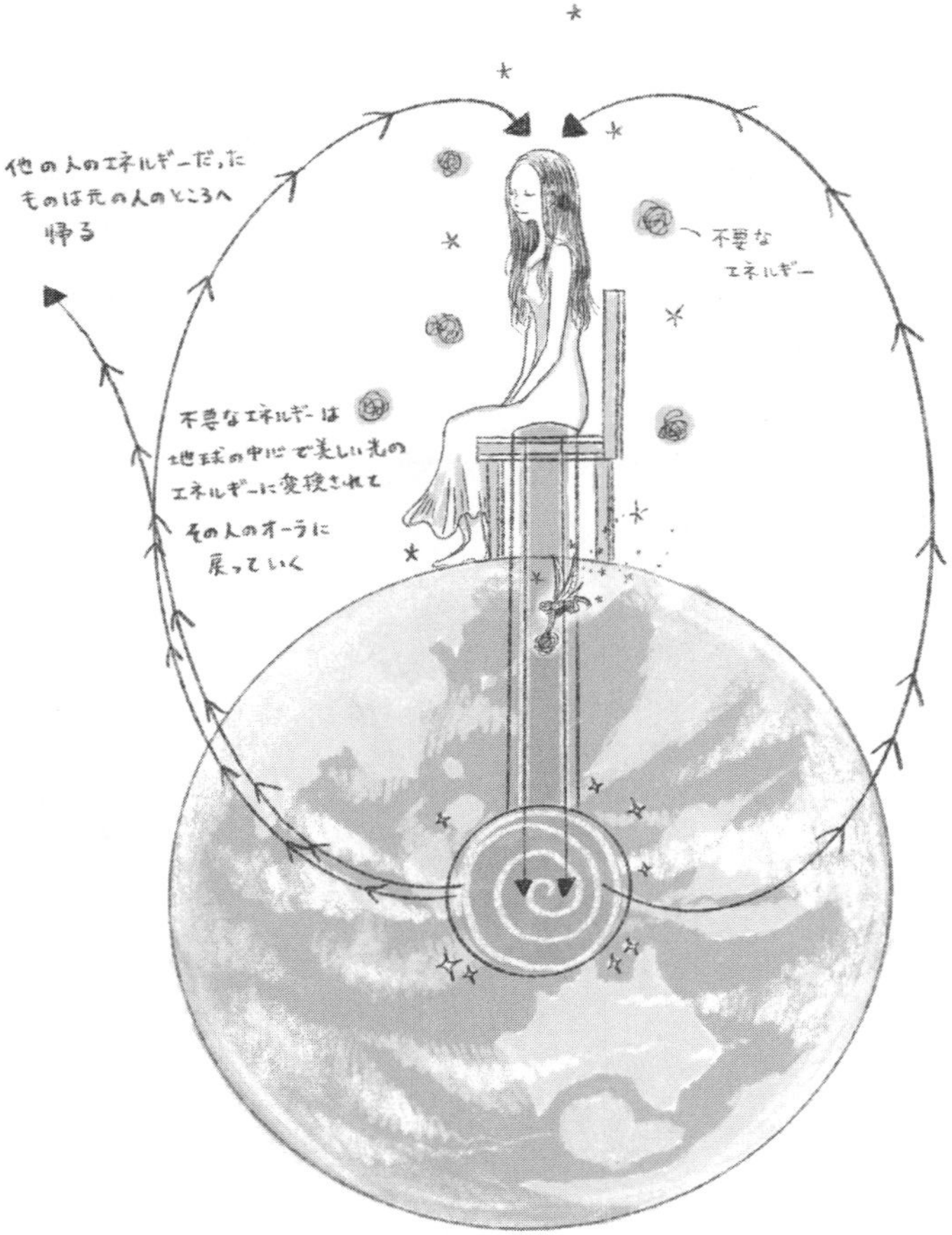

他の人のエネルギーだったものは元の人のところへ帰る

不要なエネルギー

不要なエネルギーは地球の中心で美しい光のエネルギーに変換されてその人のオーラに戻っていく

グラウンディングに関しての注意点

グラウンディング・コードは熟睡すると外れてしまいますので、目覚めと同時にグラウンディング・ワークを行い、穏やかに一日をスタートさせましょう。

また、飛行機に乗ったあとや、大きな地震や事故、ショッキングなことなどを体験すると、その拍子に取れてしまうことがあります。グラウンディング・コードが取れると、精神的に落ち着かなかったり、集中できなかったり、気持ちがグラグラしてしまったりするので、慣れてくると「外れているな」というのが感覚でわかってきます。外れてしまったらすぐにつなぎ直しましょう。

2 オーラの形成とプロテクト

オーラは、P．166のイラストのように卵形であなたの体の周りにあるのがいちばん良い状態です。

卵型になるようにフェアリーに手伝ってもらいましょう。

「ヒーリング・フェアリー、ここへ来て。私のオーラを卵形に整えてください」と、ヒーリング・フェアリーにお願いします。すぐさまヒーリング・フェアリーたちがあなたの周りにやってきて、一瞬にしてオーラを卵形に整えてくれます。それができたら、今度はあなたのオーラをプロテクトします。

次に、「ヒーリング・フェアリー、私のオーラにフェアリー・プロテクトをかけてください」とお願いしましょう。30秒ほど経ったらプロテクトが完了しますので、ヒーリング・フェアリーたちにお礼を言って終わります。

フェアリー・プロテクトは最強にパワフルかつポジティブなので、他のネガティブなエネルギーを跳ね返し、あなたが他の人に影響されることがなくなります。オーラの形成とプロテクトはセットにして毎朝出かける前に1日1回程度ヒーリング・フェアリーにやってもらいましょう。

3 ゴールデンシャワー（魔法のクリーナー②）

もうひとつ、とても簡単であり効果の高い魔法のワークをご紹介します。

1 誰もいない場所で、ゆったりと深呼吸を繰り返します。

2 頭頂から30センチほど上に大きなシャワーヘッドをイメージします。これは魔法のシャワーヘッドです。

3 ヒーリング・フェアリーとアース・フェアリーを呼んでください。「ヒーリング・フェアリー、アース・フェアリー、私のオーラの中にある不要なエネルギーを流していってください」と、お願いします。

4 ヒーリング・フェアリーと、アース・フェアリーがすぐさま、あなたのところへと来てくれます。

5 では、（イメージで）シャワーヘッドの蛇口を開きましょう。

6 シャワーヘッドからは美しく淡いゴールドのヒーリングエネルギーが出てきます。ヒーリング・フェアリーは、これを使ってあなたのオーラの中にある

不要なエネルギーを流していくよう促してくれます。このとき、すべてをヒーリング・フェアリーにお任せしてください。美しいゴールド色のシャワーを浴びて、「不要なエネルギー」が洗い流され綺麗になっているのです。気持ちが良いですね。

7 いつものシャワーは排水口へと流れていきますが、この場合、排水口はグラウンディング・コードです。今度はアース・フェアリーがグラウンディング・コードに流れてきた「不要なエネルギー」をすぐさま地球の中心へと流していきます。

地球の中心でそれらの「不要なエネルギー」は美しい生命エネルギーへと変換され、またあなたの元へと戻ってきます。

8 気持ちが落ち着き、すっきりとしてきたら、ヒーリング・フェアリー、アース・フェアリーにお礼を言って終わります。

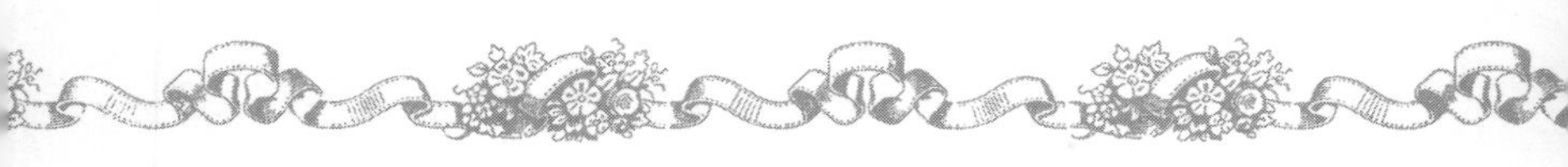

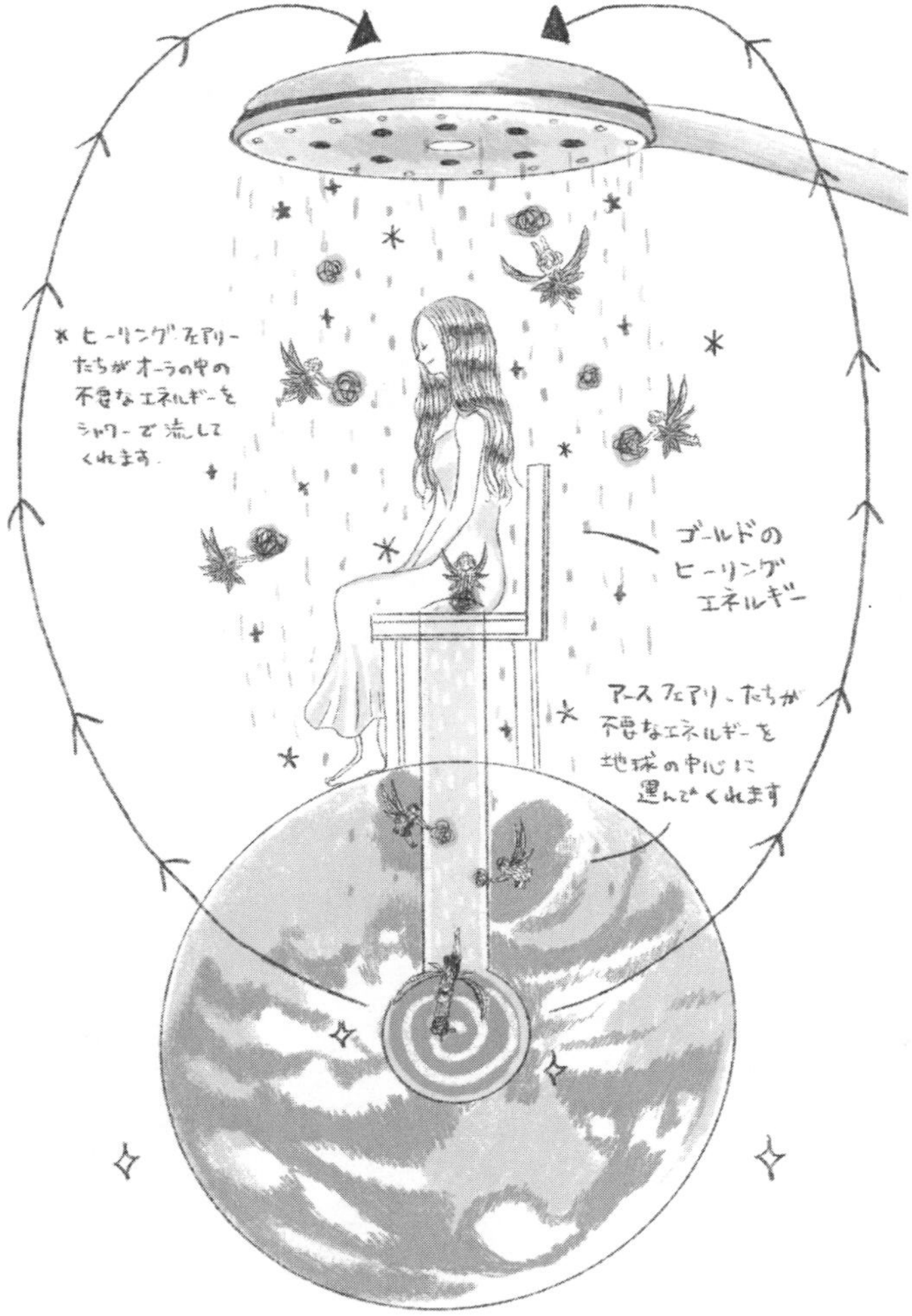

＊ヒーリングフェアリーたちがオーラの中の不要なエネルギーをシャワーで流してくれます。
ゴールドのヒーリングエネルギー
アースフェアリーたちが不要なエネルギーを地球の中心に運んでくれます

4 フェアリー波動になるワーク（フェアリー・ダスト・メディテーション）

私は毎朝、決まってグラウンディング・ワーク、オーラの形成＆フェアリー・プロテクト、ゴールデンシャワー、そしてフェアリー波動になるためのメディテーションをセットでやっています。

メディテーション（瞑想）は、普段いる人間界からフェアリー界へと移行するときに最適の手段です。

こちらは、私が誘導瞑想という形であなたを導きます。巻末のＱＲコードから音声ファイルの誘導瞑想「フェアリー波動になるワーク」をお受け取りになり、是非、やってみてください。

この「フェアリー波動になるワーク」を終えたとき、穏やかでやさしい気持ちになっていたら、もうあなたは「フェアリー波動」になっています。

これまで数々のセルフ・ヒーリングをご紹介してきました。

気持ちがモヤモヤして落ち込んでいるとき、嫌なことがあったとき、ネガティブな気持ちのとき……、どんなときでも、ここでご紹介したパワフルなセルフ・ヒーリングをすることにより、あなたの中から不要なエネルギーがどんどんどんなくなり、楽になっていきます。

そして、もう不要なエネルギーができるのを恐れる必要はありません。

できてしまったら、ただこのようにフェアリーたちと共に、セルフ・ヒーリングをしていけばいいだけのことですから。

Chapter 6

癒されるほどに幸せが加速する！

優しくて繊細なあなたが
あなたのままで…

「本当のあなた」とは何か？

ここまでのレッスンを通じて、あなたのエネルギーはクリアになり、今はまるで重さのない、明るく軽やかな波動に包まれています。フェアリーたちはちゃんとあなたのそばで見守っていましたから、とても喜んでいます。

これからあなたは、**これまで味わったことのないような幸せな体験をたくさんしていきます。**

また、楽しくてちょっと不思議な出来事も増えていくことでしょう。

たとえば、連絡しようと思った相手からタイミングよく電話が来る、欲しかった答えが目の前の看板に書いてあった……のようなシンクロニシティが頻繁に起こったりします。ゾロ目をよく目にするようになったり、通いなれた道でふいに心が震えるような絶景に出会ったり、これまでいつも見ていた夕焼けがハートにしみて感動の涙を流していたり……。

人にやさしくされたり優遇されたり、ラッキーなことが頻繁に起こっていきま

す。自分にぴったりの素敵な恋人、友人と運命的な出会いをしたり、仕事も恋も、お金もなんとなくうまく回っていく！　願いが叶っていく、突然、いてもたってもいられないほどやりたいことが頭に浮かんでくる……**今まで滞っていたことが一気に流れ出すように、次々に幸せな出来事があなたの目の前にあらわれるはずです。**

それは、あなたがフェアリーたちに出会っている証拠です。いたずら好きで茶目っ気たっぷりなフェアリーたちは、あなたとまた遊べるのがうれしくてたくさんのサインを送ってくれるでしょう。

日が暮れても遊んでいた子どもの頃のような、パワフルでキラキラした毎日。いつからか、明日が待ち遠しくてたまらない。あなたはそんな自分の変化に気づきます（これがマジカルチャイルドが活性化したということです）。

ああ、地球ってこんなに楽しいところだったのか、人生はなんて素敵なのだろう、と。

それこそが「本当のあなた」の感覚です。

最後に、ここまで読んで実践してくれたあなたにこそ知ってほしい「本当のあなた」とはなにか？　についてお伝えします。

本書の冒頭部分で、「あなたは本来、愛と喜びに満ちた好奇心いっぱいの存在でした……」とお伝えしたのを覚えていますか？

ここまでの魔法のレッスンを重ねてきたあなたはその意味がもうおわかりになったと思います。長い間地球で生きてきたことで、あなたの中にさまざまな不要なエネルギーができてしまい、あなたは「本当のあなた」からどんどんかけ離れていってしまったのかもしれないですね。

劣等感、嫌悪感、罪悪感、苦しみ、悲しみ、憤り……

さまざまな不要なエネルギーが「本当のあなた」を覆い隠していたのです。

それらがクリアにお掃除されていくことにより、あなたは元々の本当のあなた

へと戻ってゆきます。

ここでもう一度確認しておきますね。

「本当のあなた」とは不要なエネルギーがない状態のピュアなマジカルチャイルドのあなたです。

生まれてきたときのあなたはマジカルチャイルドだったとお話ししましたね。フェアリーたちはあなたが「本当のあなた」であるマジカルチャイルドに戻っていくために、ここでもう一度あなたと出会ってくれたのです。そして、あなたと再会できたことを何よりも喜んでいます。

「ワンネス」という「ひとつ」

本書での幸せになるレッスンもそろそろ最終段階に入ってきたようです。ではここからはフェアリーたちがさらに教えてくれた「あなたとソースとのつながり」というお話をしますね。これはフェアリーたちの最後の魔法のレッスンです。

Chapter2では、最も純度が高い世界はソース（源）だとお伝えしました。ではソースについてもう少しだけ詳しく触れておきましょう。

森羅万象、宇宙に存在するあらゆる現象、すべてのものの大元となる「源」のようなものがあると思ってください。それが「ソース」です。左ページのイラストでは、そのソースの周りに人のようなものがくっついていますね。これが私たちです。私たちはこのように一人ひとりがソースの一部分として存在しています。

私たちは肉体を持って地球という人間界にいますが、ソースとはパイプのようなものでつながっています。そしてソースからは絶えず生命エネルギーや愛のエネルギーが流れてきています。それらは私たちの中で、愛や感動や生きる喜びの糧となります。

でも、ソースとつながるパイプの部分に、黒いゴミのようなものがあることに気づかれたと思います。そう、これも「不要なエネルギー」です。私たちのオーラの中で滞ってしまった不要なエネルギーは、早めに魔法のクリーナーで吸い取ったり、ヒーリングで浄化しておかないと、やがてこのようにソースとつながっているパイプにまで入り込んでしまうのですね。

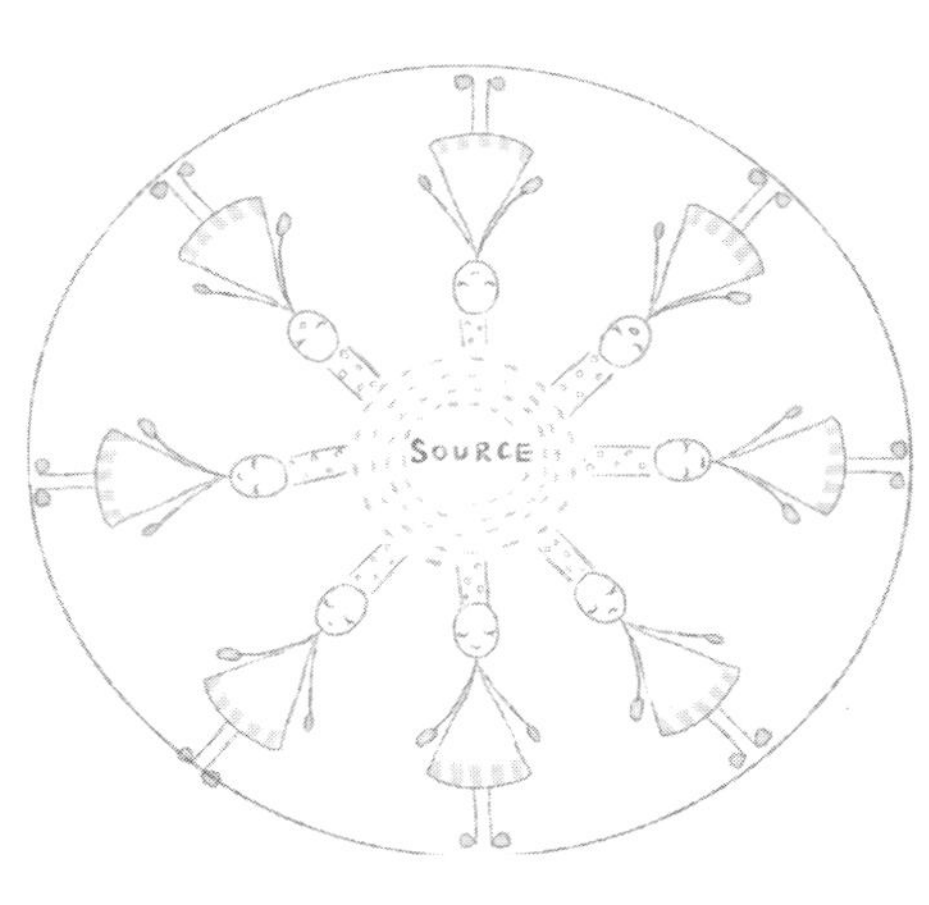

不要なエネルギーがだんだんと溜まっていくと、ソースから流れてくる生命エネルギーや愛のエネルギーの流れを阻害してしまいます。そうなると、この地球での生きづらさを感じたり、生きること自体に喜びを得られなかったり、その人の中にある愛のエネルギーが枯渇(こかつ)していきます。

本来、あなたは常にソースとつながっていて、いつもソースから流れてくるエネルギーを受け取るのが正常で健全な姿です。でもパイプが不要なエネルギーで目詰まりしてくると、私たちはソースとつながっているという感覚を失い、「分離」した状態になっていきます。この状態が、「本当のあなた」から離れてしまっ

た状態です。

ソースから「分離」した私たちは、自分は一人ぼっちだと寂しく思います。自分と他人は違うので、人と自分を比べてはジャッジしてしまいます。他の誰かがいるから競争心が生まれ、一番にならないとイケナイと人を蹴落とし競争し、争いや奪い合いが起こります。または自分はダメだと劣等感を持ってしまったり……。これらは、人間が引き起こす不幸のもとです。

「分離」が始まると、こんな風にますます「不要なエネルギー」は増えていき、私たちを苦しめます。

「癒し」や「浄化」とは、この「不要なエネルギー」を取り去り、あなたと「ソース」を再びつなげ、「本当のあなた」へと戻っていくということでもあります。あなたが癒されれば癒されるほど「ソース」との間にあるパイプが綺麗になっていくからです。

つまり、本当の自分へと戻ってゆくということは、「ソース」とのつながりを得て、「分離」から「ひとつ」になるということ。

この「ひとつ」という現象はよく「ワンネス」と表現されます。分離が全くなくみんな一緒、ひとつという感覚です。つまり、あなたはあなたであると共に、全体のひとつなのです。そして、あなたは誰かで、誰かもあなたなのです。「ひとつ」だから人目を気にして取り繕う必要もなく、あなたらしくいていいと思える、また他の人を思いやるのも自分を愛するのとまったく同じという状態です。他人はあなたでもあるからです。それが、「ひとつ」ということです。

「分離」がなくなったらどんなに楽でしょう。一人で寂しいという気持ちはなくなります。他の人と見比べて自分が劣っていると思っていたコンプレックスもなくなります。失敗して誰かに攻撃されたり、怒られたらどうしようという恐れもありません。

そこには一切の恐れがない……。

そういう状態です。恐れが0%、つまり愛が100%の状態ですね。これはとても心地が良くて、幸せに満ちた至福の状態です。

「すべては完璧」そういう感覚です。

ソースから流れてくる無条件の愛

「ソース」から流れてくるエネルギーは、まるで太陽がどんな人にでも無条件にその暖かさと光を届けるように、いつも無条件に、どんな人であっても平等に愛と光を与えてくれます。

「私は与えてもらえない」

たとえあなたがそう思っていたとしても、「ソース」からは惜しみなくあなたを愛するエネルギーが降り注がれてきているのです。それはとても壮大でピュアで私たちの頭では理解できないほどの大きな大きな無条件の愛のエネルギーなのです。

無条件の愛のエネルギーとは、条件付きの愛ではなく、たとえどんな状態でも、どんな時でも、どんなものにでも惜しみなくその愛を降り注ぐという究極にやさしいエネルギーです。

「ソース」としっかりとつながっていて、そのエネルギーを受け取っているとき、私たちは至上の喜びを感じます。何の不安も恐れもなく、すべてはうまく流れて

いるという確信を持つことができます。それは、まさにフェアリー波動であり、マジカルチャイルドが活性化している「本当のあなた」の状態です。つまり、あなたがソースとつながっているとき、あなたは「本当のあなた」なのです。

誰もが幸せになるために生まれてきた

個人セッションでリーディングしてほしいと言われる項目の中で多いのが、「私がこの世に生まれてきた目的は何でしょうか？」というものです。

私たちはなぜこの地球へと生まれてきたのでしょう？　その理由や目的がわかれば、生きる目的や、自分の本当の生き方がわかります。

フェアリーたちにそんな問いかけをしてみました。

これは本書でのフェアリーたちからあなたへの最後のメッセージです。

フェアリーたちは、あなたがこの地球に生まれた日のことを
いまでも覚えているよ。
あなたが生まれたとき、お花たちはいっせいに歓喜のダンスを踊り、
小鳥たちは喜びの歌をさえずり、太陽はその光をさらに増して、
大きく光り輝いたんだよ。
この地球上のすべてのものがあなたの誕生を喜び、祝福したんだよ。
それは、あなたという素晴らしい宝物が誕生したからなんだ。

その時のあなたは意気揚々と、
この地球でどれほどたくさんの体験をし、
こころを震わせるような感動をし、
どれほどたくさんの愛に触れていこう！
どれほどたくさんの喜びを、しあわせを体験しよう！

そんな風に胸をときめかせ、幸せに満ちていたよ。

その時のあなたはちゃんと知っていた。
あなたがこの地球に生まれてきた本当の目的を。
それは……
あなたが愛と喜びと幸せに満ちた、
しあわせな体験をたくさんすること。
あなたが光り輝いていけば、
この宇宙はさらに光を増してゆく。
この地球はさらに愛の星へと進化してゆくんだ。

つまりあなたが幸せになることが、
あなたの人生に課せられた目的なんだ。

だからね……
これからあなたは遠慮しないで幸せになっていいんだよ。

幸せになっては申し訳ないと思っているなら、
それはどこかにあなたの本当の人生の目的を
落っことしてきちゃったからなんだ。
もう一度、その目的を拾い上げよう。しっかりとそれを見つめよう。
人はみなそうやって幸せになるために生まれてきたんだ。
例外は誰一人としていないんだよ。

さあ、これから少しずつ
あなたのエネルギーが100%溢れている、
「本当のあなた」へと戻っていこう！

純真無垢で、喜びと、希望と、光と愛に溢れた、
この地球を大いに遊び、大いに喜び、楽しみ、
感動しようと意気揚々だった頃のあなたを思い出して！
そのためにフェアリーはこれからいつもあなたのそばにいるからね。

エピローグ

未来の あなたへ

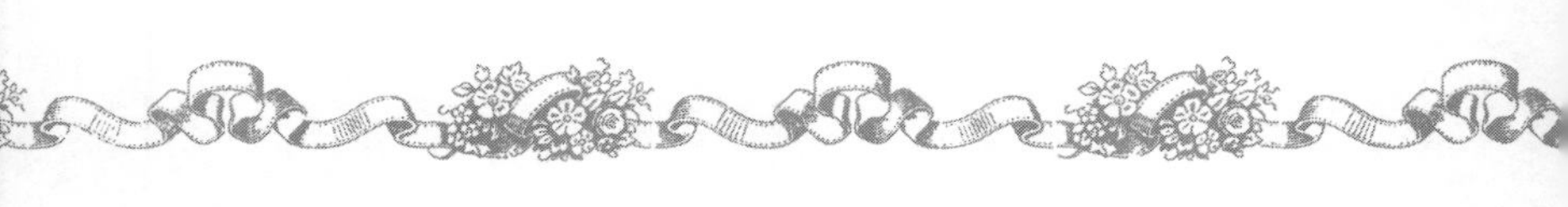

人生がうまくいかないと悩んでいるあなた。
もっともっと幸せになりたいと願うあなた。
または、この地球が何か窮屈で生きづらいと感じているあなた……。

本書をここまでお読みになっていただき、ありがとうございました。

私も、あなたのお気持ちがとても良くわかります。一時は悲しくて、苦しくて、生きていること自体、苦痛でしかないと思う日だってたくさんありました。

でもそんな苦しい日々から抜け出したい、と本書をお手に取ってくださったのでしょう?

それは本当のあなたが、そしてあなたのマジカルチャイルドが、伝えたがっていたからです。


今こそ癒されるときだと、幸せになるときだと……。

あなたは幸せになるために生まれてきたのだと……。


もうこれ以上苦しまなくてもいいのです。

あなたはもう癒されていいのです。

これからはあなたのハートの中にあるたくさんの傷をフェアリーが癒してくれます。何の心配もしなくてよかった小さい頃の幸せな感覚へと、連れていってくれます。

本書の執筆中に、パンデミックを起こした新型コロナウイルスが世界中を震わせました。人々はやむなく生活を制限され、感染への恐れ、経済的危機への恐れ、さまざまな恐れを招く事態となりました。

フェアリーたちはそんな未曾有の出来事が起こったときでさえ、何の恐れもなく光の面を見て、これからやってくるであろう新しい地球や、新しい未来にワクワクしていました。

フェアリーたちと共にいると、人生の中で起こるどんな出来事もすべて光へと変わっていきます。

私はと言えばその間、毎日暖かな春の日差しが注ぎ込むお気に入りの部屋でフェアリーたちと筆を進めていきました。その時間は私にとって至福のときであり、素晴らしい宝物の時間でした。

人生はジェットコースターのように、いろいろな出来事が起こってきます。でも、どんなときでもフェアリーのように愛と喜びと光に満ちていれば、人生は素晴らしく光り輝きます。

あなたがこの地球へやってきた時から始まったあなたの人生は、本当は愛と冒険に満ちています！

人生のシーンのひとつひとつを楽しんで味わい尽くす、そうやって魂が震えて感動してゆく。

あなたはそれをやりにここ（地球）へやってきたのです。

その人生という旅のお供はフェアリーたちです。

さあ、今日からそれを思い出してください。

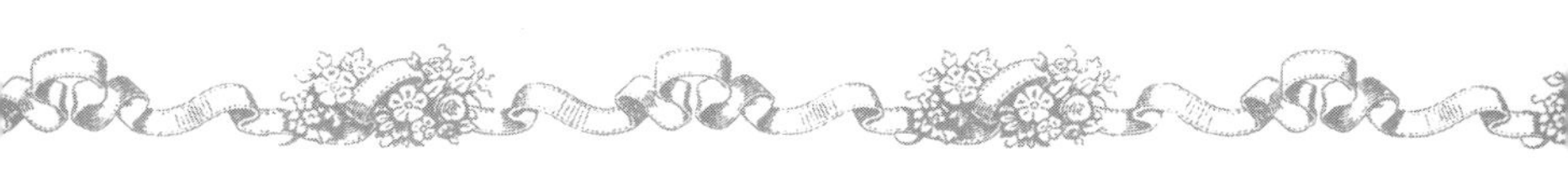

そしてあなたの使命である、光の中で愛と喜びを体験してください。

そのとき必ず「この地球に生まれてきて本当に良かった！」という感覚を、体験を、たくさんしてゆくのです。

そのためにフェアリーたちは惜しむことなくあなたを癒し、導いてくれます。

あなたさえそれを望めばね。

本書でお伝えしたスキルをあなたが実際に実践してゆくことにより、未来のあなたはキラキラと光り輝きます。不要なエネルギーを浄化して、このあなたの人生での目的、「幸せになること」を楽しんでいます。

また、本書の中でお伝えしたワークの数々は定期的に行っている「誰でも簡単にできるセルフヒーリング＆光を探すノート術」にて、直接に指導させていただいております。よろしければ巻末のＨＰにてつながってみてください。これからもいろいろとお伝えできると思います。

「あなただけのフェアリーと出会う」（P.142掲載）と、「フェアリー波動になるワーク」（P.179掲載）は、実際に誘導瞑想という形で実践していただいた方がより効果があると思いますので、私の誘導瞑想による音声ファイルをご希望の方にプレゼントさせていただきます。巻末をご覧いただければ幸いです。

なお、P.202〜203に、特別付録として、フェアリー・ライト・ノートのサンプルを付けました。本来はご自分の好きなノートで作るのがベストですが、試しにちょっと書いてみたい……というときにご活用ください。

最後に、本書の出版にあたりたくさんの方から愛をいただきました。

「フェアリー・ヒーリング・サロン」のクライアントさん、ワークショップやお話会、遠隔ヒーリングの受講生の方々、ブログ読者の皆様、ありがとうございます。

本書の企画段階からサポートをしてくださいました、エバーグリーン・パブリッシング株式会社の了戒翔太さん、高比良育美さん、ありがとうございます。

姉のヘロン・範子、義兄のカーティス・ヘロン、温かく見守ってくれて、ありがとうございました。

青春出版社の手島智子編集長、このような素晴らしい機会をお与えいただき、

そして本書を素晴らしく手がけていただきまして、ありがとうございました。

それから母のことで大変なときから多大にサポートをしてくれた、魂の伴侶である「宇宙の法則」エバンジェリストにしきこと錦織新、今生での魂みがきを共にしてくれてありがとう。大切なネコのルタとシャンティもたくさんの癒しをくれました。ありがとう。

最後に本書を通して出会ってくださいましたあなたへ、こころからの感謝を申し上げます。この本を通して、あなたと魂の出会いができたことを、とても嬉しく思っています。

そして、どんな宝石よりも美しく光り輝くピュアなあなた。

そんな素敵なあなたを、これからもずっと応援しています！

愛と光と感謝を込めて

ヒーラーよしこ

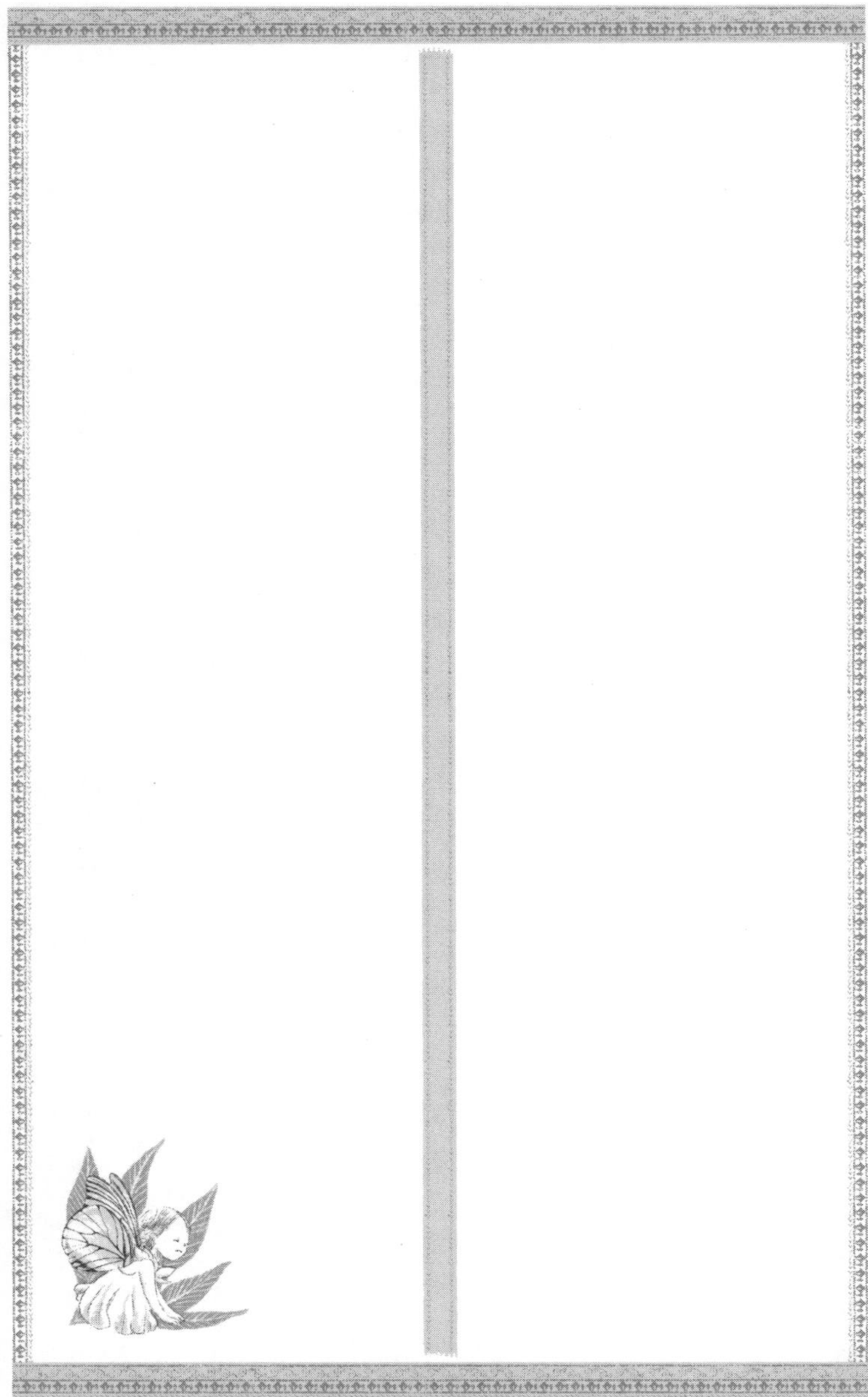

フェアリーは、
これからも、ずっと、
あなたのそばにいます。

参考文献

『うつがよくなる食べ物、悪くなる食べ物』溝口 徹（著）青春出版社
『なりたい自分になれるフラワーエッセンス あなたを輝かせる、36の花の波動水』
テリー・ウィラード（著）、高巻里奈（監修）、石原樹里（訳）総合法令出版

『フェアリーと出会って幸せになる本』
ご購読者限定

無料音声ファイル2本プレゼント!!

本書をご購読してくださいましたあなたへ、
ヒーラーよしことフェアリーたちから
2つのプレゼントをさせていただきます。

★ ヒーラーよしこによる誘導瞑想音声ファイル ★

1 「あなただけのフェアリーと出会う」(本書p142掲載)

2 「フェアリー波動になるワーク」(本書p179掲載)

ヒーリングミュージックと、ヒーラーよしこの誘導により
あなたの中で癒しが起こります。

※本書のご購読者限定のキャンペーンです。

ご購読者限定
無料音声ファイルは
こちらから!! ……>

著者紹介

ヒーラーよしこ
幼少期から直感力に優れ、フェアリーや天使たちと戯(たわむ)れて育つ。モデル、グラフィックデザイナーを経て、現在はフェアリー・ヒーラー／フェアリー・メッセンジャーとして遠隔ヒーリング、個人セッション、セミナー活動など活躍の場を広げている。
本書では、なかなか“引き寄せ”が叶わない人は優しく繊細で、我慢しがちなクセがあることに着目し、その心のクセを癒す「フェアリー・ヒーリング」をお伝えします。

■フェアリー・ヒーリング
公式ホームページ

■ブログ「癒しの引き寄せの法則」

フェアリーと出会って幸せになる本

2020年 8 月30日　第 1 刷

著　　者　ヒーラーよしこ
発 行 者　小 澤 源 太 郎

責任編集　株式会社 プライム涌光
電話　編集部　03(3203)2850

発 行 所　株式会社 青春出版社
東京都新宿区若松町12番 1 号 〒162-0056
振替番号　00190-7-98602
電話　営業部　03(3207)1916

印　刷　共同印刷　　製　本　大口製本

万一、落丁、乱丁がありました節は、お取りかえします。
ISBN978-4-413-23165-7 C0095